那洲村志

广东省珠海市唐家湾镇那洲村志编纂委员会 编

方志出版社
Publishing House of Local Records

图书在版编目(CIP)数据

那洲村志 / 广东省珠海市唐家湾镇那洲村志编纂委员会编.—北京：方志出版社, 2021.12
ISBN 978-7-5144-5181-8

Ⅰ.①那… Ⅱ.①广… Ⅲ.①村史－珠海 Ⅳ.①K296.55

中国版本图书馆CIP数据核字(2021)第275673号

责任编辑：张健
责任校对：刘玉霞
责任印制：梅中英
出 版 者：方志出版社
地　　址：北京市朝阳区潘家园东里9号(国家方志馆4层)
邮　　编：100021
网　　址：http://www.zgfzcb.cn
发　　行：方志出版社图书营销中心(010-67110500)
印　　刷：广东鹏腾宇文化创新有限公司
开　　本：787毫米×1092毫米 1/16
印　　张：13
字　　数：95千字
版　　次：2021年12月第1版
印　　次：2021年12月第1次印刷
定　　价：88.00元

那洲村志

序

那洲村是珠海市传统村落，隶属于中国历史文化名镇唐家湾镇，历史悠久，文化绵长，民风淳朴，山清水秀，在繁华都市中仍然保存着完整独特岭南风貌，亦是中国现代新兴木刻著名版画艺术大师古元的故乡。在漫漫历史长河中，那洲先辈筚路蓝缕，不竭追寻，在这方热土上辛勤耕耘，繁衍生息，为建设美好家园奉献智慧和力量。在创造了大量物质财富的同时，积淀下厚实的历史和多彩的文化。近年来，那洲社区先后获得世界卫生组织健康城市合作中心颁发的“珠海高新区那洲社区健康社区（Healthy Community 2016）”和广东省卫生与计划生育委员会颁发的“广东省健康促进示范社区（2016—2018）”称号。同时，珠海高新区科学谋划，实施开展那洲社区乡村振兴工作。那洲社区正在擘画乡村振兴新蓝图，进入高速发展的新时代。

读史览志，以史为镜，明辨得失，温故知新；盛世修志，探索规律，功在当代，泽及后人。《那洲村志》编纂历时三年，终于付梓。此次编纂是按照《地方志工作条例》相关要求，根据那洲村的实际，对从珠海市档案馆、香洲区及中山市等档案馆、图书馆藏籍，历代地方志、家谱、族谱、文史、有关报章、报刊和专著以及各专业志、口述回忆等所得资料进行梳理整合，使本书既符合村志编写的要求，又能突出那洲村独特的地方特色。《那洲村志》内容丰富，体例编排科学，类目设置合理，资料翔实可靠，行文规范流畅，做到略古详今、图文并茂、雅俗共赏，体现了较高的编纂水准。它系统、全面地记载那洲村的政治、经济、文化和教育等各方面的发展历程，全面记述了那洲村的昨天和今天，为今人乃至后人了解该村社会的构成，历史的演化，自然地理的状况，民俗风情以及文化底蕴，提供了翔实的资料，也对今后那洲村的发展具有促进作用。

地方志是一个鉴古知今、启迪未来的窗口。历史、现实、未来是相通的。历史是过去的现实，现实是未来的历史。只有对历史有深切的了解，才能做好今天的现实工作，承担起明天的新的使命。《那洲村志》即将出版，相信它一定能够发挥“存史、资政、育人”等多重作用，其意义深远而无穷，既有利于那洲村统筹实施乡村振兴战略，又能进一步优化公共文化服务，更可促进文化旅游产业发展，促使那洲经济再次腾飞，焕发出新的时代魅力。

艰难苦困熬心志，玉汝于成终使然。经过三年的辛勤努力，在各方人士的大力支持协助下，《那洲村志》现已基本成形，初编成书。但由于年代久远，面广量大，在材料搜集上难免有挂一漏万、遗珠漏宝的地方。希各位知情人士有好材料好事例继续提供，以使此书日臻完善。

是为序。

编者

2021年10月

凡例

一、《那洲村志》的编纂以马克思列宁主义、毛泽东思想、邓小平理论、“三个代表”重要思想、科学发展观、习近平新时代中国特色社会主义思想为指导，坚持辩证唯物主义和历史唯物主义的立场、观点和方法，存真求实，记述那洲村发生的历史事件和成果，传承历史文化，激发爱国爱乡情怀，留住乡愁，为探索中国特色新型城镇化建设、服务乡村振兴战略提供历史智慧和现实借鉴。

二、本志断限：《那洲村志》上限为明景泰七年（1456），下限为2020年，部分数据根据需要延至2021年。

三、本书所述姓氏源流主要参阅流传于各自然村的家谱、族谱以及当地老人口述。

四、本书撰写时所用“那洲地区”为地理概念，非指行政归属。“那洲村”称谓一是指特定时段那洲自然村，阐述其立村过程、发展和现状；二是指自1961年那洲生产大队成立后的行政管辖区域，包括历史上称为那洲乡（设乡人民政府），后称那洲村（设村民委员会），现称那洲社区（设社区居委会）所辖的区域，下辖那洲村、双龙村和竹林埔3个自然村。

五、在本书记述中，发生在清代之前的事件，使用历史朝代年号括注公元年份；发生在民国时段（含抗战时期）的事件使用民国纪年括注公元年份；发生在中华人民共和国成立后的事件统一用公元纪年。1949年11月2日中国人民解放军正式进驻唐家湾、下栅。该时间之前称“解放前”，其后称“解放后”。“改革开放前后”称谓则以1978年12月中共十一届三中全会召开前后为界。

六、本书采用规范现代汉语记述。数字用法、标点符号用法分别采用国家标准《出版物上数字用法》(GB/T15835-2011)、《标点符号用法》(GB/T15834-2011)，计量单位采用国家技术监督局1993年12月发布的《量和单位》系列国家标准。全区域面积单位通用为平方公里，长度单位为千米、米。山林、耕田面积单位沿用“亩、分”。

七、所有表格数据包括干部任职时段表均由市、区档案部门及那洲社区居委会提供。一些重要事件内容或由采访者提供，编者按实际情况给予标注。

八、本书大部分照片由珠海高新区（唐家湾镇）文化中心和那洲社区居委会提供，小部分照片由珠海历史名人研究会、古氏文化促进会和珠海市唐家湾镇乡村振兴办公室提供，其余个人提供照片在扉页图片提供中给予标注。

往昔今时

■ 那洲村全貌（摄于2017年6月）

■ 那溪旧貌(摄于20世纪40年代的那洲村 谭美乔供图)

■《家园》那洲村全貌(油画，张照云作于2014年)

■ 那洲牌坊（摄于2018年）

■ 古元故居(摄于20世纪50年代初期)

■ 古元故居(摄于2020年)

■ 那洲古氏大宗祠(摄于2020年)

■ 那洲古氏大宗祠主座享堂(摄于2020年)

■ 那洲村史馆展陈(摄于2017年)

■ 那洲南门楼（摄于2020年）

■ 那洲南门楼（摄于2009年6月）

■ 那洲大碑沟桥（摄于2020年）

■ 那洲炮楼（摄于2020年）

■ 那洲社区党群服务中心（摄于2020年）

■ 那洲农贸市场（摄于2020年）

■ 那洲股份合作公司（摄于2020年）

■ 那洲中心公园篮球场（摄于2020年）

■ 社区卫生服务站（摄于2020年）

■ 原岐关公路那洲段（摄于2012年）

■ 金唐西路那洲段（摄于2020年）

■ 那洲社区绿道原址（摄于2012年）

■ 那洲社区绿道环线（摄于2020年，由珠海市唐家湾镇乡村振兴办公室提供）

■ 那洲布料城（摄于2020年）

■ 20世纪80年代那洲埔仔尾（古氏文化促进会珠海理事会供图）

■ 古元文化壁画(摄于2020年)

■《收货的季节》油画 (张照云作于2014年)

■ 那溪河（摄于2019年）

■ 那洲自然环境（摄于2016年）

■ 那洲田间风景（摄于2018年）

目录

CONTENTS

概述

美丽那洲之韵

那洲村群山环绕，山清水秀，隶属于中国历史文化名镇唐家湾镇，东至金星门，南通澳门、三灶，西接壤中山三乡，北达县城，村前河道通坦洲、茅湾。据考古发现，约一千年前，那洲地区属香山金斗湾，历经百年“鱼游”“脊露”“鹤立”“草蒲”的沙田变迁，浅海成陆，上游的会溪、那溪成为这片冲积平原上的河道。一河两岸，得天独厚的自然资源优势使得这片土地成为可耕、可渔、可畜，“农耕种养”皆宜的富饶之地、立村之所。“那洲”原称“那溪”，后来茅湾河河床淤积成为农田，“那洲”村也因地而得名。“那”字的粤语发音与“娜”字相同，因而那洲在语义上也有美丽、美好之意。

清康熙海禁时期，那洲村作为相对远离海岸的村落，成为联络沿海村落与内陆村落的重要据点，繁盛一时。其时，这个群山环抱的小村庄设有早、午、晚三市街市，熙熙攘攘，据那洲老人口耳相传，当时那洲有商铺七间，其中一间药店内设坐诊中医。其时，那洲村气候温和，交通便利，是香山县上恭都（镇）可由水、陆（山）路到达县城与澳门，并建有小码头的内陆村庄之一。得风气之先，那洲先辈较早开眼看世界，他们敢于冒险，敢为人先，先后出现了人民画家古元、抗日战士谭生、杰出工程师谭真等在各自领域作出杰出贡献的代表人物。

那洲有着丰厚的红色底蕴。抗日战争和解放战争时期，那洲属中共武装建立的凤凰山与五桂山根据地，设有秘密交通点及海上交通线的物资中转站。其间，那洲有很多村民参加游击队，也有村民积极出钱出力支持游击队。

历史悠久之地

那洲村历史悠久、底蕴深厚，是一座具有宗祠文化传统的古村落。明景泰七年（1456），始有邱斌于广西平乐县迁居至此，后有其他姓氏陆续迁入，渐成村落，至今已有560多年的历史。古村环境优美，倚山而建，傍水而居，村中分布着许多宗祠古庙、碉楼民居、石桥古树等，极具岭南古村风貌，虽历经明清及近代历史的跌宕起伏，依旧保存着基本完整的独特风貌。旧时那洲村有五堡五庙：一堡为西园堡，有洪圣庙；二堡为文头埔，有文武庙；三堡为坑尾，有乡主庙；四堡为街市堡，有天后庙；五堡为山头埔，有观音庙。时移事迁，五堡演变成各经济合作社，五庙除了观音庙，其余亦不复存在。据统计，那洲村内古庙、古祠堂、碉楼、民居、石桥等古建筑多达50余处，其中被列为广东省文物保护单位的有古元故居1处，珠海市文物保护单位的有古氏大宗祠1处，珠海市不可移动文物的有城斋谭公祠、清晓古公祠等6处，高新区不可移动文物的有那洲大碑沟桥1处，珠海市历史建筑的有那洲梁公祠、那溪古庙等6处，它们多建于清朝及民国时期，亦有建于明朝的，见证着那洲繁华一时的历史。那洲村宗族祠堂多坐落于村落中心，是村民重要的精神寄托之处，其余建筑绕宗祠而建，设置合理，分布均衡，彰显岭南特色历史文化古村的独特魅力。

那洲村民风淳厚，节俗独特，旧时的那洲在清明节、重阳节有传统的祭祖仪式，端午节有“耍菩萨”，中秋节有“拜月”，逢开张店庆、民俗祭典等还有舞狮、木偶戏等活动，还曾成立过舞狮队、木偶戏戏班等。新中国成立后，尤其是改革开放40余年来，那洲村取得了飞速的发展和非凡的进步，文体活动更加丰富、文体设施更加完善。如今的那洲村年均开展文体活动20项；组建本地群众文艺组织2支；建成文化场所、体育设施8处；古元故居陈列馆、那洲村史馆、古元美术展厅、古元文化广场、乡村艺术大舞台等文化景点相继落成，为那洲村精神文明建设奠定了良好基础，村民的获得感、幸福感显著提升。

乡村振兴之路

新中国成立后，那洲作为中山六区（后为二区）辖乡，历经土地改革，互助合作社，初、高级合作社和人民公社化等历史阶段，当地人民生活有了较大改善，但受管理体制及外部环境等因素影响，经济发展较为缓慢。1961年，那洲由中山县划归珠海县辖，在深耕改土方面贡献良多，60年代初期建设了那洲一、二级排灌站，从中山三乡引水到那洲，解决了农田排灌问题。

在改革开放的浪潮中，那洲抢抓机遇、真抓实干，经济社会进入迅速发展阶段。在产业方面，那洲村充分发挥自身资源优势，在抓好农业、落实家庭联产承包责任制的同时，大力种植那洲番薯、那洲橙、大冬瓜、荔枝树、芒果树等经济作物，扩大养猪、养鸡等畜禽养殖业规模，发展集体经济。改革开放后，那洲率先引进多家来料加工厂，将包产到户所剩余的劳动力投放到集体经济企业（包括外商私企）中，不断增加集体固定资产，开拓新的经济收入来源。与此同时，积极引进外资，建设厂房，创造更多就业机会，提高村民收入，带动经济增长。在治理方面，那洲村在那洲社区党委的带领下，不断改善村居公共基础设施，发展村民福利事业，助力村文化、教育、环境卫生等事业发展，激活乡村内生动力，村民股份分红逐年上升，生活水平不断提高，享受到改革开放带来的丰硕成果和丰厚红利。

那洲村容村貌整治和村民环境卫生的不断改善，为那洲美丽乡村建设打下良好的基础，在历次村乡环境卫生的评比中那洲均名列前茅，更荣获世界卫生组织健康城市中心颁发的“珠海高新区那洲社区健康社区”和广东省卫生与计划生育委员会颁发的“广东省健康促进示范社区”称号。进入新时代以后，珠海高新区和社会各界高度重视那洲村的保护、发展工作，近年又为那洲村科学谋划乡村振兴工作，统筹乡村振兴和城市发展，进一步优化公共文化服务，希望借助乡村振兴战略，促进文化旅游产业发展，促使那洲村经济再次腾飞。

第一章 那洲村情

■ 那洲村全貌（摄于2017年6月）

第一节　建置沿革

一、村名由来

据那洲村村民口口相传，那洲初有邱、古、陈及黄等姓氏相继入村开村定居。根据民国三十五年（1946）版《那洲古氏族谱》[①]记载，那洲古氏始祖古瑜保约于明永乐十五年（1417），从广东古劳（今鹤山地区）迁到香山县那洲村定居。其时，茅湾河上游段那溪绕村边而过。后河道因经年泥沙淤塞，由宽变窄，靠岸两边渐成陆洲，渐而可耕可渔，出行又有舟楫之便，成为民居生息繁衍的理想地域。因生态环境秀美，故后改村名为那洲（“那”字义可解释为美好的意思）。

那洲村名最早见于明嘉靖二十七年（1548）的《香山县志》卷一的记载，时长安乡恭常都在县东南120里内，有村22个，曰“上栅、北山、南大涌、圃袖园、界涌、那州、蚝潭、东岸、下栅、神前、楼前、网涌、鸡拍、唐家、翠眉、灶背、上涌、南坑、吉大、前山、沙尾、奇独澳”。虽然，该志只记载了“那

①古祼荣编纂：《那洲古氏族谱》（福）卷一，民国三十五年（1946）重修，第25页。

州”，未有“那洲”的字样，但“州”是“洲”的本字，故“那州”即是“那洲”。往后的清乾隆和道光《香山县志》均以“那洲”为村名记载。

二、隶属之(都)镇

自香山建县以来，那洲地区（今那洲社区范围）在南宋历元至明初为香山县长安乡恭常都辖地。那洲立村至清光绪初年为香山县恭常都辖村。清光绪初年至宣统为香山县上恭镇辖村；清末至民国初为香山县六区辖村；民国初年至民国二十五年（1936）为中山县六区那洲乡辖村，其隶属管辖延至民国三十四年（1945）[其中，民国三十三年（1944）那洲乡之双龙村为中共五桂山游击队管辖的民主政权村]。抗战胜利后仍属中山县六区，后为下栅乡辖村。1951年为中山县六区那洲大乡辖村。1953年为中山县二区那洲乡辖村。1957年（撤区并大乡时期）为三乡辖村。1958年（大公社化时期）为三乡公社三乡耕作区那洲生产管辖区（含会同等自然村），后为三乡公社（小公社）那洲大队管辖。1961年4月，那洲（含会同等村）划归珠海管辖，为珠海县下栅公社那洲生产大队辖村至1979年初（1968年—1978年，管理机构名称由“管委会”改为“革委会”）。1979年3月珠海由县改为市，那洲村为珠海市下栅公社那洲大队辖村。1984年珠海市设立县级香洲区，同时撤销人民公社体制，原公社改为区（区设立区公所，为县级区派出管理机构），原各生产大队改制为乡。是时，那洲村为珠海市香洲区辖乡（具体事务由下栅区公所管理）。1987年4月，全市撤销区公所，原各区公所所辖地区改设镇，时那洲村为珠海市香洲区下栅（后改称金鼎）镇辖村（村设立村民管委会）。2001年9月，珠海市香洲区统一“村改居”，那洲村时称珠海市香洲区金鼎镇那洲社区（设社区居委会）。2002年，唐家镇与金鼎镇合并为唐家湾镇，那洲社区辖那洲村、双龙村、竹林埔村。

双龙村位于唐家湾镇西部，村名始见于清道光年间，相传为清邑庠生捐地立村。因村北山形似双龙，故名。民国三十三年（1944），双龙村为中共领导的凤凰山区民主政权村（见《中山市志》第145页），划归珠海后，经珠海市民政局认定为革命老区。

竹林埔村位于京珠高速公路西侧，唐家湾镇西部，与中山塘敢村相邻，清末建村。因村落位于长满竹林的荒埔上而得名。

■ 那洲村村口牌坊(摄于2018年)

第二节　区位

一、地理位置

那洲村隶属广东省珠海市唐家湾镇，坐落在唐家湾镇西部，距离镇政府约4.5千米。东南接会同村，西南邻中山市西山村，北边为那洲林场，境域面积约16平方千米。属于南亚热带海洋性季风气候区，年平均温度22.5℃。

那洲社区地理坐标为北纬 22°36'79"、东经 113°49'47"，平均海拔14.34米。从地图上看，唐家湾镇处于五桂山与凤凰山之间的平坦地带，东临大海。那洲村坐落于五桂山脚下，主要山岭有后门山、马仓山、石仁山，众山环绕。一条清澈的小河绕村边淌过，是村内的主要河流，称为那洲涌。环境可谓山清水秀，生态良好，群山与古宅祠庙、村庄房屋交相辉映，一派恬静的田园风光。

二、交通区位

清末民初，那洲村交通十分不便，全村的交通工具仅有一辆自行车。运输以肩挑脚行为主，运输较重的货物时则需用木制的牛头车，村民来往下栅墟市需徒步七八里路，生产的农副产品，需用肩挑运出茅湾，近的可在墟市售卖，远的要运到澳门销售。运货时，村民半夜就要挑担出门，披星戴月步行20多千米，天亮前必须到达澳门，否则赶不上集市时间，把东西卖完后，再徒步20多千米返回，到家时已是晚上七八点了。不顺畅的交通极大地影响了那洲村的贸易往来。

民国二十一年（1932），岐关公路东路开通，全长62.2千米，经前山、下栅、翠亨至石岐，岐关公路途经那洲村旁，交通从此方便许多，那洲村每天有两班车分别开往石岐、拱北（关闸）。

1965年，那洲村对两座木质桥进行改造，采用永久式钢筋混凝土，建成长56米的那洲一桥和长118米的那洲二桥。1989年，那洲村集资铺砌2.4千米长、总面积达8500平方米的水泥路，在全村安装了街灯。

随着近年周边道路交通的进一步发展，那洲社区对外交通得到极大改善，通行越发便利。国道G4W（广澳高速）、省道S268线（金唐西路）相继建成通车，其中金唐西路通往香洲、石岐，红线宽54米，双向六车道，路况良好，村前设置3个公共汽车站，分别为“华昌路口”“那洲”和“那洲检查站”，中山市跨市公交998路途经那洲。村西侧有西部沿海高速（S32）穿过并设有那洲出入口。但村落内部交通未成体系，部分村道宽度为5~6米，可双向通行两辆机动车。1995年全村村道实现水泥硬底。2013年，高新区投入资金修建会同村至那洲村绿道，由会同经那洲河、那洲南闸门沿二线公路返回会同，总长4.4千米。随着高新区乡村振兴政策的实施，着力打造会同那洲连片示范区，规划建设珠海高新区会同—那洲慢行绿道环线，总规划10千米，2021年7月已完成7千米。该绿道为原那洲绿道的延伸，不仅改变了以往那洲绿道行程比较单一的局面，而且将会同古村、那洲绿道、那洲山边、正坑、柏叶林再到会同古村的闭环全线贯通，串连起会同社区、那洲社区的多个村庄，最终形成闭环状路线。这条集骑行、步行、观光等功能于一体的慢行绿道，届时将为市民、游客提供一个望得见山、看得见水、记得住乡愁的绿色生态长廊。

2020年，在各级党政领导及上级部门的关心和大力支持下，相关部门通力合作，历时一年多攻坚克难，经往那洲的珠海市微循环公交Z79路正式通车运营，那洲村民也和珠海其他辖区居民一样，能够享受珠海1元公交和60岁以上老人免费乘坐公交的便利。

■ 位于那洲南面的洪圣庙那洲古村场遗址（摄于2020年）

第三节 人口

一、人口总量

据民国初期版《香山县志·乡土志》载：香山县户籍，清光绪二十六年（1900），“由县饬查一次，旋以诸乡局缴覆册籍者，不及十之二三，事竟中辍”。清末民国初，全村有500户，人口约3000人；清宣统二年（1910），那洲村有745户。

中华人民共和国成立后，1989年那洲村人口为1300人。2010年第六次全国人口普查，那洲村常住人口为3807人。2015年末，那洲村户籍人口1659人，实际在村人口1591人。其中，男性887人，女性704人；80岁以上53人，最年长者为一名年龄92岁的女性；常年在城镇生活和打工的人口有350人，农村留守儿童10人；非那洲村户籍的外来人口约2000人。2018年，那洲村有居民402户，人口总数约为4350人，户籍人口总数1906人，流动人口总数2444人。2020年底，那洲村户籍人口总数1992人，流动人口总数2388人。

2001年，那洲村与双龙村、竹林埔村3个自然村合并成为那洲村。那洲村归那洲社区管辖，那洲村内设有那洲股份公司，下设10个生产队，也称为经济合作社。那洲村下面分设8个经济合作社，分别为一东队、一西队、二上队、二下队、三队、四队、五队和六队。那洲经济合作社的前身是农业生产队。目前，那洲村现有居住人群主要以老人、妇女、儿童和外地务工人员为主。

那洲村世居民族为汉族，世居民系为广府民系，本地通用方言为粤方言和客家方言。那洲村华人华侨主要分布地区为南美洲，主要分布国家为秘鲁、哥斯达黎加等。

二、外迁

二十世纪七八十年代，边境的偷渡行为时有发生，再加上那洲村毗邻澳门，有不少村民铤而走险偷渡到澳门。

改革开放后，很多年轻人外出务工，逢年过节才会回到村里暂住。因此村里长期居住的大部分是老人，多数为“空巢老人”，他们的活动地点主要在老人中心，日常活动多为聊天，偶尔下下棋、打打纸牌和麻将，悠闲自在。老人们平均年龄60岁，平均受教育水平为小学程度，部分老人不识字。

三、外来人口

随着社会经济的快速发展，那洲村新建起厂房吸引外来务工人员聚集。外来人口的增加催生了房屋出租、商业经营等经济形式。

第四节　主要姓氏

那洲村初有邱、古、陈、黄4个大姓，今有古、谭、林、蔡、郑、唐、周、容等姓氏，其中古、谭姓为村内大姓。古姓迁徙到那洲村后，人丁旺盛，宗族力量壮大后修建了古氏大宗祠。村内还有从官塘迁徙到那洲村的李姓与卓姓。

那洲村姓氏众多，当地有句逗趣的俚语“那洲靓女不出村”。正是因为那洲村姓氏多的缘故，“靓女”（女性）可以在村内跟异姓结婚，不用为了避免近亲结婚而嫁到别村。

一、古氏

据民国三十五年（1946）版《那洲古氏族谱》记载，始祖瑜保，号隐文，明景泰年间（1450—1456）从鹤山古劳乡迁入香山县长安乡那溪（今那洲）。娶黄氏，生二子，长子宗亮为长房，次子宗治为二房。

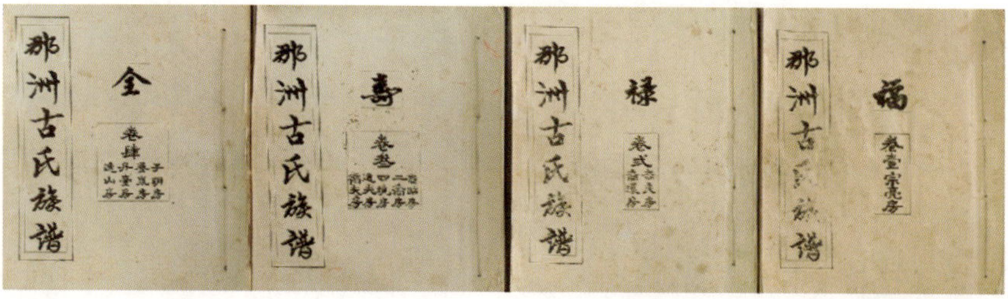

■《那洲古氏族谱》

二、谭氏

据民国二十一年（1932）版《谭裕后堂族谱》记载，始祖平溪，名身扬，号那居，于明正德年间（1506—1521）由香山城石岐仁厚坊迁居城外麻洲街，后迁长安乡那溪（今那洲）。又据《谭氏家谱》（民国版）记载，始祖名仲伯，字绍康，号虔源，祖籍东莞，元朝时仕香山场盐课提举。十一世廷桂，字于锦，号兰基，于明嘉靖年间（1522—1566）由中山崖口迁那洲。

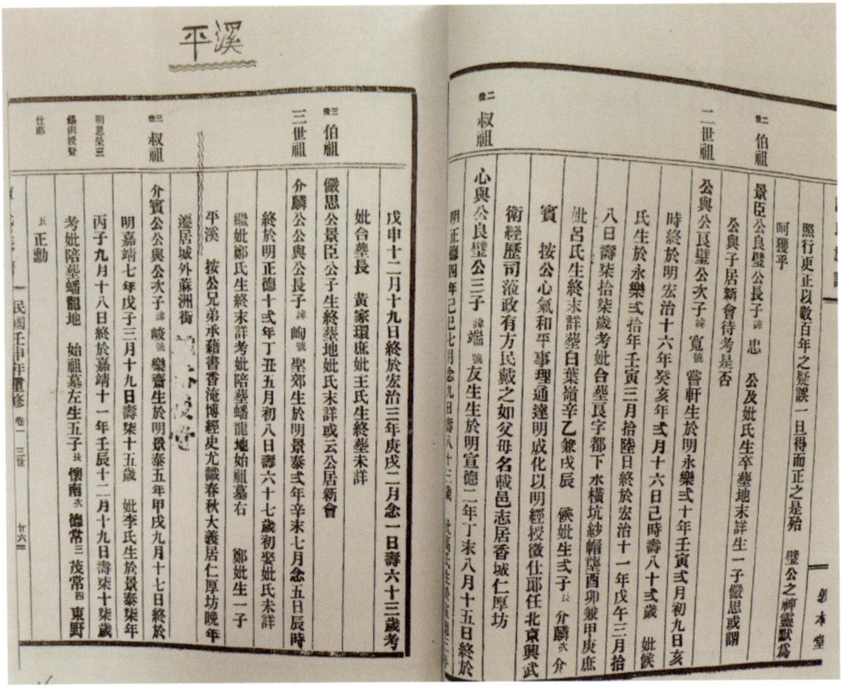
照行更正以數百年之疑誤一旦得而正之是殆　璧公之神靈默爲
呵獲乎
二世 伯祖
二世祖
景臣公良璧公長子諱忠　公及妣氏生卒葬地未詳生一子儼思或謂
公與子居新會待考是否
公與公艮璧公次子諱寬號嘗軒生於明永樂弍十年壬寅弍月初九日亥
時終於明宏治十六年癸亥年弍月十六日巳時壽八十弍歲　妣侯
氏生於永樂弍拾年壬寅三月拾陸日終於宏治十一年戊午三月拾
八日壽柒拾柒歲考妣合葬艮字都下水横坑紗帽墪酉卯兼甲庚庶
妣呂氏生終未詳葬白葉嶺辛乙兼戌辰　侯妣生弍子長介麟次介
賓　按公心氣和平事理通達明成化以明經授徵仕郎任北京興武
衛經歷司蒞政有方民戴之如父母名載邑志居香城仁厚坊
二世 叔祖
心與公良璧公三子諱端號友生生於明宣德二年丁未八月十五日終於
明正德四年己巳七月念九日壽八十三歲
影本堂

平溪
戊申十二月十九日終於宏治三年庚戌二月念一日壽六十三歲考
妣合葬長　黃家環庶妣王氏生終葬未詳
三世 伯祖
三世祖
儼思公景臣公子生終葬地妣氏未詳或云公居新會
介麟公公與公長子諱岣號聖郊生於明景泰弍年辛未七月念五日辰時
終於明正德十弍年丁丑五月初八日壽六十七歲初娶妣氏未詳
繼妣鄭氏生終未詳考妣陪葬蟠龍地始祖墓右　鄭妣生一子
平溪　按公兄弟承藉書香淹博經史尤識春秋大義居仁厚坊晚年
遷居城外蔴洲街
三世 叔祖
介賓公公與公次子諱峻號樂齋生於明景泰五年甲戌九月十七日終於
明嘉靖七年戊子三月十九日壽柒十五歲　妣李氏生於景泰柒年
丙子九月十八日終於嘉靖十一年壬辰十二月十九日壽柒十柒歲
考妣陪葬蟠龍地　始祖墓左生五子長懷南次德常三茂常四東野
五正勳
明恩榮三
錫與授登
仕郎
民國壬申年重修　卷一　三世　十六

■《谭裕后堂族谱》

三、蔡氏

据《蔡氏家谱》（民国版）记载，始祖恒兆，由福建福清县迁南雄。至六世思添，徙居香山城。至十五世孟京，分居永厚环（今中山永厚）。至肖禧，于清乾隆初年迁居那洲。

四、容氏

据清光绪十五年（1889）版《长世堂容氏族谱》记载，始迁祖容沙，闽人，宋承仕郎，曾充南雄保昌县令，后留粤，遂家新会容村（今新会荷塘）。九世容若，号六二，于南宋嘉定年间（1208—1224）迁香山沙尾（今南屏）。十世万七，名光祖，生八子，分八房。至清朝年间，有裔孙迁入那洲。

五、郑氏

据民国二十六年（1937）版《传经堂郑雍陌房谱》记载，始祖行十，号菊叟，北宋初年由闽之莆田赴任广东惠州路判。至六世鼎实，入居洪化乡（今雍陌）。至清道光年间（1821—1850），二十一世郑康由雍陌迁那洲。

第五节　自然环境

那洲村自然环境优美，东南面有石人山、观音山、象地山、水流响山，北面有后门山。后门山树茂林深，野果丰富，形成后门林，吸引大量雀鸟走兽筑巢建窝，繁衍后代，并且风来可防，调节气候，构成良好的居住条件与环境。那洲村处于丘陵地带，水源充足，南面有那溪河，村人称它为大碑沟或大坑。村中有后荫沟、横“靓”沟、横坑沟，三条水沟汇流到西山，形成西山沟，溪水清透见底。横“靓”沟流向会同，横坑沟流向南山，两溪汇于西山，经里外埔村流入西海。由于溪连西海，丰富的鱼虾在此繁衍，村民可钓可捉，既可怡情又可食用。村前高山长有各类野果，加上溪间有丰富的鱼虾，吸引山狗、豹狸、穿山甲、果子狸、山猪、水獭等各种野生动物和麻鹰、猫头鹰、乌鸦、斑鸠、鹧鸪、鹌鹑、画眉、杜鹃、白劳、乌秋、麻雀、八哥等鸟类在此生息。村内外众多的水系哺育了当地人民，灌溉了千亩良田，使得那洲成为可耕、可渔、可畜的富饶之地，也让农业得到迅速发展，经济改善，人丁兴旺。

一、地貌

那洲村坐落于五桂山麓，村落附近有后门山、观音山、石人山，那洲村的主要地形是丘陵，小山坡较多。那洲村南有那溪，后因流经村域的茅湾河河床淤积成农田，因此，那洲村地貌主要由山丘、台地、冲积平原、林地等构成。

■ 那洲村田园风光（那洲居委会提供）

二、气温

那洲村地处北回归线以南，属南亚热带海洋性季风气候，夏冬季风气候交替明显，冬无严寒，夏无酷热。年平均气温约22.5℃。那洲村位于唐家湾镇西部，纬度低，光照充足，日照时间较长。每年7月至9月是相对的酷热期，其中7月的平均气温较高，达28.6℃。1980年7月10日和2005年7月下旬，有两次气温高达38.5℃的纪录；每年12月至次年2月是相对寒冷的月份，月平均气温最低可达14.5℃。春季常会出现日平均气温低于12℃的“倒春寒”天气。秋季，特别是每年10月后，雨季结束，冷空气开始增强，旱季开始。

三、自然灾害

那洲村自然灾害主要有台风、暴雨造成的山洪,偶发性的强冷空气如海上龙卷风等。台风是影响较大的灾害性天气，多发生在7月至9月，最早出现在5月，最迟出现在12月。

清同治十三年（1874）农历八月十二日晚，台风吹袭，树木倒折，毁坏房屋无数。民国二十六年（1937）农历八月，台风吹袭，风向急促旋转，风力12级以上，夹带暴雨，大树连根拔起，损坏房屋多座。民国三十二年（1943），一场持续140多天的春旱，使得那洲村禾田龟裂，严重影响插种的面积。至农历四月初八，突降一场暴雨，大片农田受涝。是年粮食严重歉收。唐家湾地区许多村庄出现大饥荒和霍乱，饿死病死者众，平均每天饿死 6 人，有的农户全家饿死，其中那洲乡饿死1000余人。民国三十六年（1947） 4 月，下栅乡那洲脑膜炎流行，死亡10余人。1950年，螟虫和卷叶虫为祸，那洲庄稼歉收。1963年春，发生60年间罕见的旱灾，大片农田受灾。2017年8月23日，最强台风“天鸽”在广东省珠海市南部沿海登陆，登陆时最大风力14级（45米每秒），正面袭击粤港澳地区，给那洲村造成了巨大的经济损失，肆虐的台风损坏了道路，吹倒了树木，掀翻了车船，毁坏了房子。

四、土地资源

那洲村土地资源主要为农田、山体。农耕地主要为水稻，特产有番薯。村周边由农田包围，村中集中为生活住宅用地，还有许多未开发利用地。

五、其他资源

那洲村的山丘和台地为花岗岩质，表层以含砂砾质黏土为主。那洲村有较大的溪流——那溪，又称大碑沟，全长14.5千米，源于凤凰山的小迳山，北流下牛栏坑，经会同村至那洲村，南汇柏叶林水，经马骝洞和企人石间的那洲谷。上游从平岚平原截流，通过企沙围，入茅湾涌出海。植被资源中，自然植被集中在那洲的山丘上，树木的种类丰富多样，主要有松杉林、常绿阔叶林、竹林、椰树等。人工种植的树木主要是荔枝树、芒果树、芭蕉树、那洲橙等亚热带果树。辖区内41棵古树被公布为珠海市古树名木，如下表所示。

珠海高新区那洲社区古树名木一览表

序号	编号	中文名	俗名	估测树龄（年）	保护等级	树高（米）	胸径（地径）（米）	冠幅（米）
1	44040610000700384	假苹婆	赛苹婆、鸡冠木	170	三级	10	280	14.45
2	44040610000700383	龙眼	桂圆、圆眼	210	三级	11.5	210	10.1
3	44040610000700385	朴树	黄果朴 白麻子	130	三级	14	731.6	19.1
4	44040610000700337	人面子	人面树，银莲果	140	三级	14.5	390	17.5
5	44040610000700338	樟	香樟	400	二级	12	550	20.5
6	44040610000700336	榕树	小叶榕	110	三级	9	360	20.6
7	44040610000700335	乌桕	腊子树、桕子树	110	三级	8	145	6.45
8	44040610000700355	山杜英	羊屎树、胆八树	110	三级	12.4	120	9.9
9	44040610000700357	山杜英	羊屎树、胆八树	110	三级	12.1	103	7.7
10	44040610000700349	山杜英	羊屎树、胆八树	110	三级	11.7	130	7.5
11	44040610000700361	山杜英	羊屎树、胆八树	110	三级	11.8	93	7.8
12	44040610000700344	香润楠	—	110	三级	18.8	240	12.35
13	44040610000700351	香润楠	—	110	三级	12.5	220	18
14	44040610000700353	香润楠	—	110	三级	15.7	165	8.65
15	44040610000700348	香润楠	—	110	三级	11.7	220	12.9
16	44040610000700356	山龙眼	红叶果	110	三级	12.3	112	7.75
17	44040610000700352	山龙眼	红叶果	110	三级	13	152	11.75
18	44040610000700350	山龙眼	红叶果	110	三级	8.8	110	6.95
19	44040610000700339	鸡骨香	紫藤香、降真香	110	三级	12.8	182	11.8
20	44040610000700347	鸡骨香	紫藤香、降真香	110	三级	12.1	120	9.9
21	44040610000700358	中华杜英	羊屎树、胆八树	110	三级	12.1	90	9.25
22	44040610000700341	中华杜英	羊屎乌	110	三级	11.8	98	7.95
23	44040610000700342	中华杜英	羊屎乌	110	三级	11.2	107	7.35
24	44040610000700359	樟	香樟	110	三级	12.3	287	14.05
25	44040610000700334	榕树	小叶榕	110	三级	14.7	260	13.15
26	44040610000700340	牛矢果	—	110	三级	9.2	170	3.69
27	44040610000700380	楝叶吴萸	山苦楝、贼仔树	140	三级	17.3	130	9.3
28	44040610000700374	龙眼	桂圆、圆眼	140	三级	9.9	210	7.45
29	44040610000700375	龙眼	桂圆、圆眼	140	三级	12	180	8.25
30	44040610000700381	龙眼	桂圆、圆眼	140	三级	8.7	180	9.3
31	44040610000700378	龙眼	桂圆、圆眼	140	三级	13.2	220	9.3
32	44040610000700382	蒲桃	蒲桃	140	三级	9.2	110	5.95
33	44040610000700372	臀果木	臀形果	140	三级	10.2	145	8.3
34	44040610000701232	鸡骨香	紫藤香、降真香	140	三级	9	104	6.55
35	44040610000700373	土沉香	香材、白木香	140	三级	9	80	3.5
36	44040610000701233	土沉香	香材、白木香	140	三级	12.7	102	4.7
37	44040610000700377	土沉香	香材、白木香	140	三级	7.7	90	4.9
38	44040610000700376	土沉香	香材、白木香	140	三级	14.7	120	6.5
39	44040610000700379	土沉香	香材、白木香	140	三级	9.7	80.8	4.95
40	44040610000700346	青果榕	杂色榕、变色榕	—	三级	14.7	180	7.5
41	44040610000700371a	楝叶吴萸	山苦楝、贼仔树	—	三级	14	204	7.5

第六节　区域经济

一、农业

（一）农业发展

那洲村的主要地形是山丘和冲击平原，小山坡、农田较多，土壤较肥沃，水源丰富，气候温和，宜粮宜果，兼可发展畜禽养殖业。

那洲村属亚热带海洋性气候，降水量的季节分配比较均匀，湿度高，气候宜人，所以村内以种植水稻为主，种植面积较大，农业收入占的比重最大。中华人民共和国成立前，封建的土地私有制严重束缚农业生产的发展，水利失修，加上自然灾害，农业生产水平十分低下，水稻平均亩产100余公斤，遇灾歉收之年亩产不足100公斤。中华人民共和国成立后，解放生产力，提倡科学种田，进行大规模的农田水利基本建设，增强抵御自然灾害的能力。在化肥、有机质肥、农药、电力、农机等方面进行大量的投资，在调整农作物布局、改进耕作制度、改良耕作技术、推广优良品种、改良土壤、防治病虫害等方面采取一系列有效措施，农业生产发展迅速。那洲村种植的水稻品种以高秆宽叶为主，20世纪70年代前，那洲村的农民与其他地方一样，都是用牛犁耙田，用锄、铲平整田地。天旱时，用龙骨水车或戽斗汲水灌溉农田，用人手插秧，用镰刀收割稻谷和用木禾桶脱谷。种农作物施以人畜粪尿、炉灰、烂海鱼和垃圾作肥料。20世纪70年代末，部分农田以手扶拖拉机代替牛耕（多数农田仍用牛犁田），以一人或几人同时用的脚踏脱谷机脱谷，部分农田用电动水泵汲水灌溉，施用土杂肥和化肥。1982年那洲村落实改革开放政策，实行家庭联产承包责任制，双龙村将村内种植的蔬菜出口到香港和澳门地区。改革开放后，1989年那洲村农业总产值达386.38万元，水稻总产量69.75万公斤。1992年，那洲村耕地面积约2600亩，农业生产总值610.25万元。1997年，那洲有耕地1900亩（含现在竹林埔村），其中水田1700亩、旱田200亩，45度坡山地有2000亩，45度坡度以上的山地有3000亩。2000年，那洲村经济保持了稳定，农村总收入606万元，利润达391万元，农业总产值720万元，人均纯收入达4503元，比上一年增长7%。

（二）农具介绍

农具是农民从事农业生产使用的工具。中国古代农具具有就地取材、轻巧灵便、一具多用、适用性广等特点。铁农具的使用是农业生产上的一个重要转折点，铁质农具坚硬耐用，大大提高了生产效率，使大面积农田得以开垦，促进了农业的发展。随着时代的发展，那洲村的传统农业生产工具逐渐得到改良。

• 风谷机

又称风谷车、风车、风柜等，是一种用于去除水稻等农作物中杂质、瘪粒、秸秆屑的木制传统农具。20世纪80年代中期，那洲村农民将其改造成铁制农具，主要由容器、出风口、手摇风扇、出口等部分组成。

■ 风谷机

• 谷犁

那洲村传统农具，主要用于铺开稻谷，使稻谷得到充分晾晒。

■ 谷犁

·打谷机

又称打禾机、打稻机、脱粒机。20世纪80年代中期，那洲村农民将收割后的水稻等粮食作物进行谷粒与茎秆分离。打谷机分为两类，一类是依靠人力驱动，称为“人力打谷机”，为半机械化工具；另外一类是依靠动力驱动，称为“动力打谷机”。打谷机的出现大大降低了水稻收割后脱粒的劳动强度，同时也大大提高了农业生产力。

■ 打谷(禾)机

·九齿耙

拥有九个铁钉的耙，为那洲村传统农业生产工具，多用于平地碎土、耙土、耙堆肥、耙草、平整菜园等。

·谷箩

那洲村的传统农具之一，用竹子编织而成，专门装稻谷的工具。

·秧铲

铁质，那洲村的传统农具。传统耕作时期，需用秧铲将秧苗铲成一块块，利于更好地插秧。

·牛筋桶

20世纪80年代中期以前，那洲村村民用来挑水浇灌农作物的器具。

·牛轭

那洲村农民犁田时挂套在牛颈部的一个工具。牛轭两边的绳索连接后部的犁，起力量传导作用。

■ 牛轭

·锄头

头部为铁制，手柄为木制，用于收获、作垄、耕垦、盖土、除草、碎土、中耕、培土作业等，属于万用农具。

■ 锄头

·长柄舀

那洲村的传统农具，过去长柄和舀均为木制，20世纪80年代中期后，改为长柄牛筋农用水舀，主要用于浇菜、捞物、喂料等作业。

• 谷扒

那洲村传统农具，木制。稻谷收获后晾晒时村民使用的重要工具，谷扒可以将稻谷耙平或翻晒，利于稻谷干燥。

■ 谷扒

二、养殖业

因远离珠海市区，20世纪80年代，那洲养猪、养鸡等畜禽养殖业兴盛。

（一）那洲养猪场

20世纪80年代，那洲村兴建养猪场，培养猪苗，是唐家湾地区猪苗繁育最多的地方，部分村民以此作为主要收入来源。那洲猪场面积为16000平方米，每年有大量生猪供应澳门和珠海市区，多年来对于稳定珠海肉价、满足市场供应、解决市民的“菜篮子”问题做出了较大贡献。

后因猪场产生臭气、污水等污染物，严重威胁居民的生产生活环境和安全，2014年底，高新区对“四大”猪场实施搬迁。

（二）养鸡场

那洲村位于那洲林场，小山坡较多，适宜养鸡，素有养鸡的传统，到目前仍然有不少养鸡专业户，经营养鸡场。据统计，截至2020年，那洲村有养鸡场14个，每年产量约17万只商品鸡。随着经济的高速发展，人们的生活质量提高，商品鸡的需求越来越多，对品质要求也越来越高，尤其是对山上散养鸡的需求量更大。

（三）鱼塘

鱼类养殖是那洲村的另一个养殖业。1989年，由专业户承包开发、占地面积320亩的一社鱼场和占地41亩的四社鱼场已初具规模。据统计，2020年那洲村有24家鱼塘，养殖面积约570亩，大部分鱼塘养殖四大家鱼，即青鱼、草鱼、鲢鱼、鳙鱼。

三、种植业

在改革开放初期，那洲充分发挥自身资源优势，在抓好农业、落实家庭联产承包责任制的同时，大力种植那洲番薯、那洲橙、荔枝树、大冬瓜、萝卜、甘蔗等经济作物。那洲环境优美，土地肥沃、水源充足，那洲村民种植的番薯品种较为独特，为红心红皮，当地人称金英子，又称红心薯，不仅颜色好看，而且口感香甜软糯，鲜香浓郁，让人赞不绝口。那洲冬瓜也较为出名，一个个饱满壮硕的大冬瓜，皮薄肉厚，吃起来清脆爽口。那洲还盛产白萝卜，种植的萝卜以个大、色白、脆嫩、味美等特点赢得市场的青睐。那洲萝卜曾经是指定出口专用萝卜，经常出口澳门。因土地征用等原因，如今那洲番薯、大冬瓜、白萝卜等已渐渐退出人们的视线。

（一）果树

那洲村的果树聚集在那洲林场南边，因为后山森林资源丰富，发展林业以及种植果树具有十分便利的条件，许多村民选择种植果树以获取一定的经济利益，例如种植荔枝、芒果、芭蕉、那洲橙等亚热带水果。

（二）那洲橙

那洲橙是那洲著名的特色农产品。1980年在那洲国营林场（大围）开始种植那洲橙，在肥沃的土地和优质的水源条件下，种植的那洲橙虽个体不大，却多汁爽口、清甜美味，那洲橙曾经颇负盛名，入秋时节上市。后来由于果树太多和树龄较老，加之缺乏人力、物力进行管理，果园慢慢荒废，现今那洲橙已基本消失。

四、工商业

那洲村离珠海市区较远，工商业发展较缓慢。

民国二十二年（1933）那洲村在村中心兴建100平方米的市场，设7个商业铺位，供村民贸易集市，解决村民的日常所需。每天早上各地商贩批送鱼虾、蔬菜等各类货物到市场贩售，村民早晚出来购物，热闹非常。全面抗战前，那洲村的商业较为兴旺，有多间杂货店及打银铺、做木铺、扎纸铺等，村民的日常所需基本能满足。白天市场还有赌档、饮食店，村民们可闲坐谈天说地，颇为热闹。

20世纪80年代前，那洲村民大多数以务农为生。进入80年代后，政府对珠海土地实行“统一规划、统一征地、统一开发、统一出让、统一管理”，村里实行了“农转非”“区镇合一”等一系列变革。

改革开放后，那洲村开始以经济建设为中心，实行家庭联产承包责任制，自主经营，自负盈亏，促进了生产发展，创造物质财富，繁荣市场经济。

■ 珠海市那洲达成针织厂

■ 那洲工艺首饰厂

那洲村经济不断壮大。1987年，在金鼎镇人民政府指导下，那洲村在引进和自办企业方面有新的进展和突破，形成了小工业区。1989年，那洲村办起了工艺厂、玩具厂、皮具厂和袜厂等来料加工企业，共有工业厂房9227平方米，其中村投资标准厂房面积4670平方米，外商投资的厂房面积4557平方米，工业生产总值达到151.06万元，工业利润达64.2万元。

1995年，那洲村有生产用地7万多平方米，几乎全部用于开发那洲布料市场，并对外出租土地。因此，"靠地分红"成为那洲村民重要的收入来源。1997年，那洲村约有2000万元固定资产，建有一批工业用厂房。引进外商办厂后，解决了就业问题，村民得到实惠，日子一天天好起来，家底越发丰厚，普通家庭拥有"四大件"（电视机、洗衣机、冰箱、录像机），甚至"八大件"（电视机、洗衣机、冰箱、录像机、汽车、电单车、电话机、音响），新盖了房屋，生活大幅度改善。那洲村村集体经济主要由那洲各经济合作社、那洲股份合作公司共同管理。那洲村的经济实行市场化管理，20世纪90年代中期，那洲工贸公司成立，后更名为珠海市香洲那洲股份合作公司，负责出租和管理村里的资产，包括土地和厂房。那洲村主营手工业及轻工业产品，需要大量的劳动力，可以吸收农村赋闲在家的人口，增加了村民的就业机会和经济收入。

那洲村的集体收入主要来源为物业出租，年收入约600万元，每年人均分红3000元。目前村民大多务工或经商，村民收入来源为农业生产、工资性收入、房屋出租、银行存款利息、商业经营等。

·合资经营企业

那洲村陆续开设工艺厂、玩具厂、皮具厂等，多数工厂为当地村民通过合资经营的方式开设。虽然工厂规模不大，但明显提高了村民的收入，为村民提供了更多的就业机会，带动了那洲村的经济发展。

截至2020年，那洲村有宝力模具塑料制品(珠海)有限公司、侗力体育公司、佳立鑫五金厂等8家企业。那洲村内还设有综合性农贸市场1个、社区卫生站1所、农商银行1家，布料市场4个，小卖部（含杂货店）

12家，餐馆（含农庄）8家。目前，那洲村工商业发展还较为缓慢，发展空间较大，希望依托乡村振兴相关政策，加快工商业和服务业的发展。

• 那洲布料城

1995年，由于经济不景气，那洲村多家加工工厂先后停业，村民收入减少。为增加村民就业机会，确保村民收入逐年提高，那洲村开始大办第三产业，主导产业为布料贸易产业，主要依托那洲布料城。当年，那洲村充分利用村内109亩工业用地，集资1400万元，兴建那洲布料城。那洲布料城占地面积约7万平方米，建筑面积约3万平方米，为铁皮棚搭建的临时建筑物，有商铺195家，主要以批发、零售布料为主。该布料城为那洲股份合作公司物业，也是那洲股份合作公司主要收入来源。那洲布料城建成当年就增加利润50余万元；1997年，那洲村成为金鼎镇第二个亿元村，随后几年，那洲布料城的利润都十分可观，村民的股份分红也随之上涨。

■ 那洲布料城（摄于2020年）

第七节　社会民生

一、教育

清中晚期，唐家湾地区经济、文化相对繁盛。地方教育，特别是乡村多设私塾教学。清同治三年（1864），那洲村设立“萃华私塾”，就读子弟多来自殷实人家。

民国初年，以教育求强国的民主革命思想在许多开明人士中形成共识，其时那洲村古氏族人笃信“教育兴邦”，率先兴办义学，免费培育族中子弟。为此设立了近似现代小学课程设置教育的“崇德小学”（校址设在古氏宗祠，宗祠大厅为崇德堂，便以此命名为校名）。那洲其他大姓，如梁氏开设“敬义小学”也仿照崇德小学办学模式。延至民国二十六年（1937），村中几间规模大小不一的小学合并为那洲小学。旧那洲小学延至新中国成立后，后改建为二层楼的现存那洲小学。

新中国后那洲小学历任校长列表

时段	校长姓名	备注
1950—1954年	唐坤和	唐家人
1954—1956年	容杏儿(女)	翠微人
1956—1960年	古文胜	那洲人(古元族亲)
1960—1968年	吴社坚	中山人
1968—1978年	阮锦麟	中山人
1978—2003年	梁焯平	那洲人(那洲小学新校扩建负责人)

资料来源：那洲村老教师黄杰生提供。

中华人民共和国成立后，小学课程设置已经与现今的课程设置大致相同。与此同时，那洲村也与其他乡村一样举办农民夜校，为在旧中国失学的村民补习文化(主要开设识字、计算等基础课）。其时，那洲村小学十分重视劳动课的开设，自二、三年级起便设有班级菜园，从小培养学生的劳动意识与习惯，如给蔬菜除草、培土、除虫、施肥等。另外，在每年夏秋两个农忙时段，那洲小学会放7天至10天的“农忙假”，让小学生随父母参加自家（后为集体）的农业生产活动，如插秧、收割稻谷、挖番薯、采摘各类蔬果等。

那洲小学不仅注重劳动课的开设，还注重体育健身活动。学校除了每年组织学生春、秋季郊游外，特别重视晨操活动，还如期组织学生参加乡镇小学运动会。那洲小学在20世纪90年代曾主办金鼎小学生运动会。那洲小学各个时期的任课教师，均致力于课堂教学，努力备课。学生大部分作业在校内完成，只有高年级学生有少量作业需在家完成（考虑到当时大多数学生课后要帮助家庭劳动）。同时，对少数成绩不理想的学生会采取“留堂补课”。教师，特别是班主任，每个学期均须对每个学生进行“家访”，互通学生在校内外学习、生活等基本情况。教师间也会进行因人施教的经验交流。至20世纪90年代初，那洲小学生几乎没有配戴眼镜的“近视眼”学生。

中华人民共和国成立至“文化大革命”前，那洲小学毕业生升读初中主要学校为“六区区中”（唐家中学）、三乡中学（中山管辖时期），升读高中主要学校为中山纪念中学。

1968年至1973年，那洲小学“戴帽子”附设初中班。1974年取消附设初中班，那洲初中生主要在下栅中学就读。1974年至1978年，那洲高中生在下栅中学就读。1979年至1993年，那洲高中生在唐家中学就读。1994年至1999年，那洲高中生在金鼎中学就读。2000年后，那洲高中生再次复返唐家中学就读。如今，那洲村初中毕业生凭中考成绩，可报读全市所有高中。

2004年9月，那洲小学与东岸小学、下栅小学等金鼎镇所属7所小学合并至金鼎第一小学，学生上学均由校车接送。

那洲村的幼儿教育主要是在中华人民共和国成立之后，规范的幼儿园教育主要是在20世纪80年代之后。2010年，那洲建立第一所规范幼儿园——珠海市那洲幼儿园。该园占地3300平方米，建筑面积1392平方米，户外活动面积1292平方米，绿化面积456平方米，园内设有408平方米塑胶场地，配置科学室、美工室、舞蹈室及音体室等多功能的活动设施，各类设备设施齐全。2012年被评为区规范幼儿园；2015年被评为平安校园；2016年被评为区一级幼儿园和普惠性幼儿园。另外，2019年在那洲三村又建立春彤幼儿园，占地4500平方米，建筑面积近2000平方米，2021年正式开园，设3个班，可接纳约60名3—6岁小朋友入园。那洲村两个幼儿园为儿童入读小学奠定了良好的教育基础。

■ 那洲幼儿园（摄于2020年）

■ 春彤幼儿园（摄于2020年）

二、文化和体育

那洲自立村始经明、清至民国，农耕文化一直渗透着乡村农家，特别是清康熙海禁前后，农村经济有过一段相对繁盛时期，因此也曾留下一段口口相传、多姿多彩的记忆。据那洲村老人记述，那洲与邻村在近代史上也存在非营利的坊间艺人在“街市”（集市）或大树荫下说唱“木鱼”“龙舟”，也有“说书人”在街市（集市）或小卖铺（时称铺仔）“讲古”（讲故事）。在元宵、春日（农历二月二日，又称“社稷”）等民间传统节日里，那洲村均开展“猜灯谜”“抢花炮”等传统活动，端午节和盂兰节（农历七月十四）分别有“耍菩萨”（庙街游街）和“打大醮”（集体向神明祈福）等传统活动，这些传统节日活动都渗透着“广府人”传统的文化气息。在抗日战争前后，特别是在抗战胜利后，那洲村还曾自发组织成立曲艺社，当地俗称“私伙局”，而且“锣鼓架”等设备齐全。那洲还曾组建“那洲粤剧社”，在本村和邻村演出小型粤剧“折子戏”，其中小戏班延至中华人民共和国成立之后。

中华人民共和国成立后，随着农村经济逐步发展，人们的文化生活内容也逐渐呈现多样化，其中在改革开放前，电影在农村普及，成为农村文化生活不可或缺的部分。每周一两次电影放映逐渐成为生活的常态。为了让那洲村民能在遮风避雨的环境中看电影和迎接省市内粤剧团到那洲的演出，1957年大队支部拆了几座祠堂，用其木材及砖瓦建设了一座曾风光一时的“那洲戏院”。

20世纪60年代，那洲与下栅公社其他生产大队一样，连接公社的有线广播网线，并分布到各个生产队，分早、午、晚三个时段播放国内外时事新闻、本县及本公社生产情况、文艺节目（主要是革命歌曲）、好人好事、天气预报等，成为农民日常生活的一部分。进入20世纪80年代后，收音机、录音机和电视机逐渐普及，个别家庭还拥有两台电视机。至1990年，金鼎广播站停止播音，工作人员分流转岗。国内外大事、市内新闻、电视剧目等，在家中便可悠然观赏，且一个个新的文化资讯和载体逐渐出现，电子游戏机、桌球室这类过去城镇才有的娱乐活动，此时也出现在那洲村。

2003年起，那洲村（社区）与镇内其他社区一样相继建立以图书阅览室为主的社区文化室，并按照“五个有”的标准，即“有一个综合文化活动室，有一个农家书屋，有一个文化广场，有一个文化信息共享工程服务网点或电子阅览室，有一个宣传橱窗或阅报栏”，实施社区综合文化室改造提升。至2013年底，那洲社区文化室达到“五个有”标准，由区社会发展局落实文化室的专项管理经费，保障社区文化室长效管理和格局提升。文化室内的图书室始建于2003年（初设在居委会内），2013年更名为社区书屋（书香坊），现迁置于那洲文化活动中心三楼，目前藏书2000多册，为社区青少年和群众提供了一个良好的阅读环境。书屋每年还开展“读好书，好读书”等阅读活动。

■ 那洲社区图书室（摄于2019年）

2016年，那洲村创立珠海市那洲古元艺术研学基地。基地占地面积4万多平方米，总投资5000万元，包括古元美术展厅、古元文化广场、乡村艺术大舞台民俗艺术课堂、成长训练基地及户外农耕体验区等。其中古元美术展厅于2016年1月建成并对外开放，投资约600多万元，建筑面积约500平方米，设有美术馆、小型博物馆、纪念馆、书画创作室等，集古元艺术作品典藏、书法交流创作研究，各类珍贵历史文物展览，红色爱国主义教育等四大功能于一体，可同时容纳100人参观。2016年被列为珠海高新区美术活动基地；2020年当选为珠海市研学旅行协会副会长单位。古元文化广场的建成大大提升了那洲村在珠海市的知名度。同年，投入500万元建成那洲文化大舞台，场地面积约4000平方米，其中舞台面积约300平方米，可容纳100多人的团体表演，户外空间2000平方米，室内面积约2000平方米，可容纳观众3000多人；舞台设施齐全，配有专业灯光、音响和大型投影幕，可播放灯光秀、电影、教学视频等。那洲创意工场总投资约500万元，占地约2000平方米，内设有教室16间，每间面积约80平方米，教室间墙为活动墙板装置，可根据活动需要组合成不同面积的活动区域。创意工场可同时容纳2000人开展各类学习、座谈等活动。

■ 那洲古元艺术研学基地效果图（摄于2019年）

■ 那洲古元美术展厅（摄于2019年）

那洲村在当今群众生活达到小康水平的基础上，大力传承和发扬那洲传统特色饮食文化。2015年，那洲村组织村内“茶果”制作高手组成代表队，参加唐家湾美食节暨唐家湾各村茶果制作大比拼活动。代表队成员制作的叶仔、菜糕、菜角、五指揸、芋头糕、生梗糕等20多种地道的唐家湾茶果，原料选购优质，配方调试精确，颜色的搭配、火候的控制都有过人之处，每年的比赛都有上乘之作，因而屡获佳绩，曾获得第二、三届冠军，第四届亚军的好成绩。

“尊老敬老”历来是那洲几大宗族的传统美德，且得到良好传承。在当今人民幸福生活指数大幅度提高的基础上，借助“九九重阳节”，开展敬老文化活动是改革开放后那洲每年必备的活动。

■ 那洲居家养老服务站

■ 2019年珠海高新区文化志愿者送文艺进社区活动

■ 2017年那洲茶果代表队参加第三届唐家湾美食节

■ 2019年那洲社区茶果代表队参加第五届唐家湾美食节

与文化活动紧密相连的体育活动，亦是那洲村古今重要的民间活动内容。

早在那洲立村至晚清，村中各宗族都十分注重族内子弟的健身活动。各族在其宗祠也自发组建各自的“小武馆”，虽无著名教习纪录，但每个宗族都有教习拳腿、刀、棒等基础训练，一是为健体强身，二是为预防突发情况下作防身之用。其时，自学自练武功的风气十分浓厚，这些习武活动一直延至中华人民共和国成立前。中华人民共和国成立之后，健身活动主要为从近代学校带来的各种体育活动，多为球类体育活动，还有爬杆、单杠、双杠等，在学校及民间也盛行一时。每年重大节日，篮球赛是那洲村的必备项目，除了在本村举办赛事外，还应邀参加邻近乡镇的篮球赛。近年来，随之兴起的另一个群众文体活动——广场舞则迅速开辟了一个群众文体结合的新基地。从2008年起，那洲快乐舞蹈队，那洲布料城快乐舞蹈队等民间文艺队伍相继成立，队员以中老年女性为主，以舞蹈的形式开始健身活动，得到区、镇等文化部门的支持，包括聘请指导老师，出资购买表演服装，提供参赛经费等。那洲这两支舞蹈队每年都参加高新区组织的珠海高新区舞蹈大赛，都获得较好成绩，那洲布料城快乐舞蹈队分别在2018年和2020年的比赛中获得了银奖和二等奖。

■ 那洲中心公园篮球场(摄于2020年)

随着高新区经济的发展，农村的文化体育投入资金的增加，村内体育设施不断增加和完善，加上港澳同胞，社会各界捐资，如今的那洲文体公园不但备有常设健身器材、篮球场、羽毛球场、乒乓球台等设施，还设立了儿童娱乐活动区，为村民和外来务工人员提供了健身和休闲的好去处。

三、医疗卫生

在近代史上，那洲村的医疗卫生状况与香山县所有农村状况大致相同，都处于落后状态。村民看病，多靠村医，用药多为中草药。村民看重一点的疾病，一般请中药店内坐堂医生诊治；妇女生育大都请当地“接生婆”凭经验接生，其时妇女死于难产的事件在各地乡村不时发生。自清中叶以来，那洲村在“街市亭”附近有中药店一间，坐诊的中医师为村民诊疗疾病。民国初期，其中一位名为庄日（雍陌村人）的中医在那洲开业至抗战前后。一些殷实村民看重病则到下栅墟或平岚墟。抗战前，上述两墟均设有西医诊所，但没有设置留医病床，对天花、麻疹、霍乱、小儿麻痹等疾病的防治亦不能胜任。

中华人民共和国成立初期，那洲村按上级要求设立卫生站，但多为中医坐诊，村民如需西医诊疗则要到下栅卫生所；1953年至1961年初，村民看西医诊治更要到中山三乡医生所。划归珠海后，那洲村按规定设立村卫生站，配设两名村医，后期又称为赤脚医生，就诊西医则需到下栅公社卫生院，当时该公社卫生院已设有留医病床。20世纪70年代开始，那洲村与各县(市)的乡村一样，天花、小儿麻痹症、霍乱等恶性传染病在政府强有力的防疫措施下，已经基本消灭了。

那洲村卫生站自创建至1984年人民公社解体前，为集体（大队、乡、村）经办和管理，1984年至1987年，由原卫生站人员承包并分设两个小诊所。自村改居之后，又合并为现今的那洲社区卫生服务站。随着珠海高新区经济社会的发展，珠海高新区管委会为村级卫生站提供大力支持和帮助。现今那洲卫生站的医疗服务设施日臻完善，备有对高血糖、高血脂、高血压等常见慢性病的测试设备，还为社区居民提供上门服务项目“家庭病床”。社区医疗水平也随着高素质医生的配备而得到显著提升，如今的那洲卫生站已经基本满足村内居民一般的就诊需求。

■ 那洲社区卫生服务站（摄于2020年）

四、社会保障

随着珠海全市土地统征，农村的“农转居”，那洲经济发展向着城镇化方向稳步推进。村民们的就业从原来单一的农耕向着如今的多元发展：有的自主经商创业，有的从事社会服务，更多的是在就近的工商企业从事力所能及的工作。为保障这一大群转型村民的社会福利和晚年生活，在那洲社区“两委”的领导下，那洲股份公司董事会努力经营好本村股份公司业务，各社长（原队长）管理好各经济社（原生产队）的业务，保证股民（村民）有一定的固定收入。那洲社区居委会履行公共服务职责，为村民提供一站式社会保障服务，村民在“家门口”就能轻松办理城乡居民养老保险、医保等业务。对因病致困的家庭，协助申请救助，对符合条件的家庭，协助申请城乡最低生活保障。

据2019年统计，那洲社区新增参加医保居民39人，新增未成年人医保43人，参保率100%；残疾人32人，低保户7人，参保率100%。

2019年失业登记人数38人，实现再就业33人，就业率达到87%。此外，还帮助20名失业人员再就业;组织了13名失业人员参加高新区技能培训;还为有意就业的人员提供招聘信息。上述所有的措施，都是为了给那洲转型村民再就业或创业提供及时的帮助。

五、市政设施

那洲自立村以来，村民用水分为井水和山泉水。井水又分为公用井和私家井。公用井一般为村集体，为全村人提供人畜用水，私家井一般为殷实大户人家私用；山泉水是由近村山岗自涌山水，村民认为其甘甜可口，一般用于泡茶。

2002年，在香洲区和唐家湾镇的支持下，那洲村连接唐家湾镇自来水网，不久覆盖至双龙村和竹林埔村。现那洲社区供水已实现城镇化，水质水量良好。

那洲自立村至20世纪60年代初，村民照明均用煤油灯，大户人家在重大节日或喜庆日偶尔会用汽灯（将煤油加压气化）。夜晚出门则自带防风油灯或“手电筒”。

1963年，唐家湾地区已用珠海附近地方国营工厂生产的富余电量，但仅限于使用在农田排灌，1964年才开放至农村农户使用照明。最初只限于每晚约6点至10点，且每户限装两盏25瓦的照明灯泡，每月按灯数固定收费。节日照明时间延至天亮。1970年前后，那洲供电站正式设立，照明用电放开使用，并开始装电表计量收费。改革开放后，那洲村与其他乡村一样，在主要街道上安装路灯。如今，公用照明已遍及村内各个公园、每条街道及人居角落。

那洲是典型农村，以种养为主。除鸭、鹅为蓄养，其他的鸡、猪等多为放养。猪、牛粪便随街排放，因而致使在农业合作化、人民公社化时期，捡拾猪、牛粪便为生产队必备一项工种，同时也为生产队和自家自留地积蓄有基肥料。中华人民共和国成立前，各地方政府不太重视清洁卫生，街道清洁均靠各家自扫。农村集体化后，那洲由生产队“排工”搞卫生清洁村街道。

自改革开放以来，那洲村先后引进了多家颇具规模并具较好效益的工厂，使村集体经济显著增加。村“两委”为了创造良好的引资环境，更是为了营造村民群众健康的生活环境，自20世纪80年代始组建村级小型清洁队。延至20世纪90年代以后，那洲村的环境卫生在历年评比中屡获佳绩，名列前茅。自唐家湾镇与高新区实行“区镇合一”体制后，那洲村的城镇化步伐逐年加快，有机垃圾及人畜排泄物已作科学的分类处理。随着区镇财力支持力度加大，目前，那洲社区已设立常年规范的环卫清洁队，并先后建成两座污水处理规模分别为300立方米每天和1000立方米每天的污水处理设施，将全村污水经净化处理排放。与此同时，为防暴雨山洪水浸村居，开挖了近1000米的专用排洪渠道，并为此加建排洪抽水站。正是上述市政设施，为那洲村美好乡村建设打下了坚实基础。

近几年来，在区、镇政府的大力支持下，那洲社区党委带领全体村民共同努力，那洲社区在文体基础建设、环境卫生和人文素质修养等方面取得了显著成绩，分别获得世界卫生组织健康城市合作中心颁发的“珠海高新区那洲社区健康社区（Healthy Community 2016）”和广东省卫生与计划生育委员会颁发的“广东省健康促进示范社区（2016—2018）”称号。

■ 那溪河（摄于2020年）

■ 那洲社区荣获世界卫生组织健康城市合作中心颁发的“珠海高新区那洲社区健康社区（Healthy Community 2016）”

■ 那洲社区荣获广东省卫生与计划生育委员会颁发的“广东省健康促进示范社区”

第八节　社会管理

一、党的组织和行政领导机构

1961年10月，珠海和中山再次分辖。那洲由中山县划归珠海县管辖，为珠海下栅公社那洲生产大队辖村至1979年初。1961年为下栅公社接管后，成立那洲生产大队，后成立中共那洲大队党支部，大队管委会及其他相应的组织机构。

那洲生产大队于1984年改为下栅区公所辖乡。1987年为珠海市香洲区金鼎镇辖村。

1989年6月8日，那洲党支部经上级党委批准，成立了中共珠海市唐家湾镇那洲村支部委员会，民主选举了5个支委委员，共有中国共产党党员38人，其中有农业战线优秀共产党员古国良和工业战线优秀党员谭社高。

1995年，在上级党委正确领导和关怀支持下，那洲村党支部和那洲村委会通过多次学习中央文件，统一思想，坚持“一个中心两个基本点”，即以经济建设为中心，坚持四项基本原则，坚持改革开放，并深刻认识到今后几年必须加强精神文明建设，精神文明建设和物质文明建设要两手抓，两手都要硬，不仅要求物质文明有一个大发展，而且要求精神文明也有一个大发展。同年，那洲村党支部共有党员34人，其中女党员3人，外来代耕农党员5人，预备党员1人。那洲村党支部重视抓好党员、干部的思想教育，每月开展学习1—2次，通过多种渠道学习党章、党课教育，观看正反两面的录像教育片，学习江泽民总书记讲话等，党员的思想觉悟普遍得到提高，坚定了走中国特色社会主义道路的信念，提高了廉洁自律的自觉性，树立为集体办实事的理念。党支委经常召开碰头会议，及时发现问题，解决矛盾，团结合作，促进村各项工作取得可喜成绩。1995年那洲村的工业、农业总产值5302万元，其中工业总产值4258万元，村民人均纯收入2897元。

2000年，在上级的正确领导下，那洲村党支部委员会和那洲村委会（以下简称为“两委”）认真贯彻执行上级党委、政府的指示精神，密切联系群众，紧紧围绕本村的实际情况，全面推行依法治村、民主管理，政务、财务两公开，全心全意为群众办好事、办实事，真抓实干地创建“两个文明”，推动那洲村各项事业稳步发展。经过村“两委”干部、工作人员以及村民的共同努力，那洲村经济保持稳定，工业总产值超过1亿元大关，综合治安良好，教育事业得到发展，村民安居乐业，村容村貌得到大大改善。

■ 那洲社区党群服务中心大厅（摄于2020年）

根据香洲区人民政府《关于在62条行政村设立社区居民委员会的批复》（珠香府复〔2001〕15号文）的文件精神，那洲村委会于2001年9月28日正式挂牌，改为珠海市香洲区金鼎镇那洲社区居民委员会，下辖那洲村、双龙村和竹林埔村3个自然村，基本实现了“村转居”。同年10月，根据香洲区委组织部《关于做好“村转居”后党组织设置工作的通知》的文件精神，那洲村党支部更改为那洲社区居民党支部，原那洲村党支部委员转为那洲社区居民党支部委员，其职务及工作分工不变。

2006年7月，珠海市政府出台“区镇合一”体制调整政策，那洲社区转由珠海高新技术产业开发区唐家湾镇管辖，设有那洲股份公司，下面分设10个生产队，每个生产队都有相应负责的土地。在中共那洲社区党支部委员会的领导下，那洲村主要由那洲各经济合作社、那洲股份合作公司共同管理。

2008年，那洲社区党支部和居委会坚持科学发展观，全面推进社区工作，既完成了政府布置的各项中心工作，又以居民需要作为社区工作的出发点和落脚点，以人为本，努力构建社会主义和谐社区。在珠海市委、市政府、高新区和各有关部门的大力指导下，全体工作人员的共同努力下，那洲社区顺利完成了第三届那洲股份合作公司、那洲居委会第三届“两委”、党支部领导班子和社会工作者的换届选举工作。那洲社区党支部高度重视党组织自身建设，对党员进行教育、管理和监督，并做好发展新党员工作，2008年那洲社区党支部共有党员46人，入党积极分子15人。

2018年6月10日，那洲社区党支部升格为那洲社区党委；那洲社区股份公司成立那洲社区第一党支部。2020年，那洲社区顺利召开第七届居民委员会选举大会，成功选举新一届居委会班子及社区工作人员。

党的十九大后，那洲社区党委一直坚持加强社区党建引领，促进社区治理主体多元化发展。那洲社区党委严格对党员进行教育、管理和监督，坚持每月一次召集党员及办公室工作人员观看党员远程网络教育课程；按照规定要求发展新党员，不断壮大那洲村的党员队伍；按照高新区党委的教育计划，开展政治理论学习，展开相关讨论，充分发挥党员的模范带头作用，进一步提高党员的思想认识，明确改进方向，着力做到“三对照，三理清”，热心帮助社区弱势群体，不断为民办实事。

那洲社区居委会在区、镇、社区党委和各上级部门的正确领导下，在辖区单位及广大居民的大力支持下，社区工作人员团结一致，始终秉承为人民服务的宗旨，紧紧围绕重点工作，顺利地完成了各项工作任务。2020年，那洲社区总体安定平稳，各方面工作呈现出规范有序、平稳健康发展的态势。那洲社区共有“两委”成员7人，工作人员10人。

中华人民共和国成立后那洲村党组织历任负责人名录

时段	姓名	职务	备注
1952—1955年	古康杉	那洲村党小组负责人	
1955—1958年	古康杉	那洲村党支部书记	
1958—1959年	古焯坤	那洲村党支部书记	
1959—1961年	谭华瑞	那洲村党支部书记	
1961—1963年	陈开兰	那洲村党支部书记	
1963—1976年	谭世衡	那洲村党支部书记	
1976—1997年	佘康照	那洲村党支部书记	
1997—1999年	古康焯	那洲村党支部书记	
1999—2004年	谭超常	先后任那洲村党支部书记、那洲社区党支部书记	2001年9月，珠海市香洲区统一"村改居"
2004—2007年	林华建	那洲社区党支部书记	
2008—2009年	谭超常	那洲社区党支部书记	
2011—2014年	朱建玲	那洲社区党支部书记	
2014—2017年	黄社生	那洲社区党支部书记	
2017年至今	谷　雄	那洲社区党支部（后改为那洲社区党委）书记	

那洲村历史时段及现代阶段行政负责人名录

时段	姓名	职务	备注
抗战前	古炳行	中山县六区那洲乡乡长	兼那洲小学校长
日伪时期	古祀显	中山县六区那洲乡乡长	伪职
抗战胜利后	古　毅	中山县六区那洲乡乡长	国民政府后期
1947—1952年	古康杉	土改队指定临时负责	
1952—1955年	古康杉	中山县二区那洲乡乡长	
1955—1957年	梁大根	中山县三乡辖区那洲村村长	
1957—1959年	谭华瑞	三乡公社耕作区主任	
1959—1968年	古康伟	珠海县下栅公社那洲生产大队大队长	
1969—1976年	梁贺根	珠海县下栅公社那洲生产大队大队长	
1973—1975年	古康伟	珠海县下栅公社那洲村主任	
1975—1985年	佘康照	珠海县下栅公社那洲乡长	
1985—1997年	古康焯	珠海市香洲区那洲乡乡长	
1997—2001年	谭华秋	珠海市香洲区下栅（后改为金鼎）镇那洲村委主任	
2001—2005年	杨帝华	珠海市香洲区金鼎（唐家湾）镇那洲社区居委会主任	2002年金鼎镇和唐家镇合并为唐家湾镇
2005—2009年	谭超常	珠海市香洲区唐家湾镇那洲社区居委会主任	
2009—2017年	黄社生	珠海市唐家湾镇那洲社区居委会主任	
2017年至今	谷　雄	珠海市唐家湾镇那洲社区居委会主任	

那洲股份合作公司主要负责人名录

时段	董事长	副董事长	监事长
2011—2014年	谭国伟	唐帝广	古仲强
2014—2018年	谭国伟	唐帝广	周华珠
2018年至今	谭国伟	唐帝广	梁伟杰

2011—2020年那洲股份合作公司分红表

单位:元

年份	村民个人股	村民集体股	合计
2011	1939000	1226400	3165400
2012	1939000	1417200	3356200
2013	2055340	1792500	3847840
2014	2055340	1995400	4050740
2015	2132900	2207400	4340300
2016	2132900	2413450	4546350
2017	2132900	2685850	4818750
2018	2326800	2787400	5114200
2019	2326800	2455200	4782000
2020	2908500	2467800	5376300

说明:上述表格均由那洲社区居委会提供

二、新农村建设

2005年10月召开的中国共产党十六届五中全会提出要按照“生产发展、生活富裕、乡风文明、村容整洁、管理民主”的要求，扎实推进社会主义新农村建设。

2005年以来，那洲社区党委和居委会每年紧跟时政，解放思想，实事求是，与时俱进地贯彻与落实“三个代表”重要思想、科学发展观、习近平新时代中国特色社会主义思想。同时，在市委、市政府、高新区和各有关部门的大力指导下，那洲社区秉持着以人为本、以居民需要为工作出发点和落脚点，全面推进社区工作，既完成了政府布置的各项中心工作，推动构建社会主义和谐社区的进程，又以社区服务满意程度为契机、以创建幸福村居（生态村居）为目标，以那洲社区实际情况为基础，提升那洲村宜居环境，稳步推进那洲社会新农村建设路程。

· 生产发展

2005年起，那洲社区积极响应“新农村规划”，多办厂房、商业，增加经济收入、增加村民股份分红。2009年起，按照高新区的“富民计划”，根据那洲村的特点，盘活辖区的闲置房屋，开拓思路，多方位、多渠道、多形式促进村经济发展，续签那洲布料城合约，改造旧那洲市场，为辖区居民提供就业岗位，拓展就业再就业，推进全民创业，同时抓好安全生产工作，增加商业收入。

· 乡风文明

那洲村向来民风淳朴。2005—2015年，为传承这一优良传统，那洲社区经过多年努力，大力推进乡风文明创建工作，以文明乡风、良好家风、淳朴民风为目标，通过加强治安综合治理、制定居民村规民约、改善村容村貌、提高村民素养等多种方式，致力于建设环境优美、治安良好、管理有序、人际关系和谐的一流文明社区，效果显著。

· 村容整洁

2005年以来，那洲社区居委会的一项重要工作是营造宜人居住的生活环境，构建社会主义和谐社会，截至2015年，共推进实施近60项民生工程，涵盖了道路基础设施修建、垃圾回收站升级重改、河道修复与扩建、水渠整改及公共文化活动设施改造等项目。2008年至2015年，那洲社区每年积极开展“社区、家庭、环境卫生”主题工作，并把主题工作落实到“绿地、楼道、街道”三项整治行动中去，清洁公共垃圾、生活垃圾、树枝杂草、废塑料袋、布头布碎。经过多年的努力，使那洲村面貌焕然一新。

• 管理民主

2005年起，那洲社区在充分发挥那洲社区党支部的领导核心作用的同时，把民主管理工作落到实处。多年来，不断健全社区党组织领导的充满活力的居民自治机制，把坚持党的领导、充分发扬民主、切实依法办事有机统一于民主管理中，不断完善各项管理制度，如《那洲村党支部村委会勤政廉政规章制度》《思想政治工作学习制度》《那洲村委会日常工作管理规定》《那洲村规民约》《那洲村账务管理制度》《安全文明村管理委员会工作制度》《那洲村调解委员会岗位责任制》《计划生育管理人员工作制度》《那洲村治安巡逻队管理规定》《那洲村关于切实执行禁毒工作的措施办法》等系列管理制度。同时，那洲社区充分发挥社区党员、退管人员、热心居民的作用，通过各类活动，以及民主议政日等形式来调动他们的积极性，实现以为社区居民服务工作为主旨，全身心地投入服务居民群众的工作中，立足把社区民主管理工作做得更好、更加完善，围绕年度的工作目标，实现新的跨越，更上新的台阶。

按照党的十九大报告精神，那洲社区实施乡村振兴战略，坚持农业农村优先发展，按照产业兴旺、生态宜居、乡风文明、治理有效、生活富裕的总要求，加强农村基层基础工作，健全自治、法治、德治相结合的乡村治理体系。社区主要从以下四个方面来开展新农村建设。

• 产业发展

创建与高新区挂点领导、驻点单位、那洲社区党委、那洲股份合作公司、10家经济合作社、共建单位、社会企业联席会议制度，共商共议社区经济发展思路，重点加强了社区党委对集体经济的领导与指导。截至2019年，那洲社区10家经济合作社顺利完成了集体经济产权制度改革工作。

· 文明乡风

那洲村民风淳朴，一直注重乡风文明建设。那洲村多次修订居民公约，并通过多种方式宣传落实；完善社区户外体育设施、文化活动中心的管理、充分发挥红白理事会的作用，为居民创建优越的精神文化活动阵地，有效推进了乡风文明工作建设。2020年，高新区开展文明家庭、创美庭院评选活动，那洲村有一户家庭被评为高新区“最美家庭”、一户家庭荣获高新区“创美庭院”荣誉称号，那洲社区获得“珠海市文明单位”荣誉称号。

· 生态宜居

2019年，那洲社区共推进实施15项民生工程，涵盖二期污水处理站建设、新型环保垃圾站启用、公共厕所改造、微型垃圾处理站建设、凉水井用水环境改造升级、道路硬底化和修复、河渠污染防治、文体公园建设和二期墙体彩绘等项目，贯彻落实了高新区人居环境整治工作要求，为居民创建了良好的生态宜居环境。

· 民主管理

2019年，那洲社区积极探索民主管理新模式，在处理涉及居民切身利益的大小事时广泛征集居民的意见，定期召开党员大会、居民代表会议、妇女代表会议，充分征集居民意见，鼓励居民表达意见和建议；坚持每月在村务公开栏公开通知、工作会议内容、财务等信息，设立居务监督委员会，按照规范实行民主评议、民主决策制度。

为提高村的管理水平，按照政府的工作安排，那洲社区居委会增设社工职位，聘请本科以上的大学生到村里来当社工。他们除了帮助村民解决日常纠纷，主要任务是策划组织文化活动。

珠海市
文明单位
珠海市精神文明建设委员会
2021年1月
荣誉证书
珠海高新区
2021“迎新杯”国际象棋社区团体赛
二等奖
珠海高新区社会保障和公共事业局
2021年1月1日
一等奖
珠海高新区2020“迎新杯”国际象棋社区团体赛
优秀组织奖
珠海高新区社会保障和公共事业局

■ 荣誉奖牌、奖杯

■ 村公园

■ 墙体火车彩绘（摄于2020年）

三、群众工作

那洲社区积极发展工会、共青团、妇联等组织机构，不断增强群团组织的政治性、先进性、群众性，充分发挥群团组织联系群众的桥梁纽带作用。

·工会工作

那洲社区工会成立以来，积极维护职工群众切身利益及合法权益，同时在维护社会稳定、加强基层政权建设及促进改革发展和加强基层民主政治建设上发挥了越来越重要的作用。2019年，那洲社区工会通过加强与社区企业联系排查，加强与高新区工会联系对接，为新增的两名困难职工建档，帮助一名大病困难职工申请医疗救助，并对其进行了慰问。

·共青团工作

那洲社区的共青团充分发挥党员、妇女、青年等群体的志愿服务作用。那洲社区登记在册团员共有16名，社区团支部定期组织团员参与线上线下学习课程，对团员实行动态信息管理；2019年，共开展23次志愿服务，志愿服务时数达455小时，主要在暑期积极开展“童梦·青愿”系列活动，丰富辖区儿童及青少年的暑期生活，在创文时期开展文明交通指引志愿服务，引导居民有序遵守交通规则等。2020年，那洲社区全年共开展12次志愿服务，其中由党员、团员、妇女、志愿者组成的一支80余人疫情防控志愿服务队，志愿服务时数达2万余小时。

·妇联工作

截至2020年，那洲社区妇联现有妇联主席1名、副主席2名、执委11名，妇女代表33名。社区坚持充分发挥妇女代表作用，坚持妇女参与协商议事制度，以“家长学校”“妇女之家”为工作阵地，坚持经常性召开妇女代表会议，开办了各种各样的宣传教育活动，充分凝聚社区妇女力量和妇女才能。2020年，开展“最美家庭”评选活动1次，评出4个“最美家庭”和6个“和美家庭”，展示了巾帼家庭的风采，树立巾帼榜样形象；推选“创美庭院”1户，荣获高新区“创美庭院”

荣誉称号，营造了浓厚的文明乡风氛围；每季度针对辖区困难儿童开展“一对一”结对帮扶慰问活动，动态了解困难儿童家庭情况及需求，及时为他们链接资源，提高生活质量；开展妇女文艺、亲子活动9次，丰富辖区妇女及其家庭的精神文化生活。

• 民政工作

那洲社区主要从困难救助、居家养老、退伍军人服务三大方面开展民政工作，对社区低保户、优抚对象、“两参”人员、困难退伍军人、老年人进行节日慰问，送上慰问金、慰问品；帮助居民申请大病救助，减轻就医负担。

社区持续做好低保户动态信息管理，并及时发掘社区内符合条件的帮扶家庭，做到应保尽保。每年重大节日开展入户慰问，为低保家庭送去社区的关怀。2020年，那洲有7户低保家庭，在疫情防控期间，定期上门进行探访，为孤寡长者送去卫生防护用品，如口罩、消毒液等。

那洲社区聘请居家养老服务员，对社区“三无”老人、孤寡老人提供一对一的生活照料、精神慰问等服务。那洲社区长者饭堂于2019年12月1日正式启动运营，目前共有54名长者登记在册，享受就餐服务，其中2名肢体残疾的长者享受送餐上门服务。2020年由于新冠疫情影响，社区长者饭堂暂停关闭，社区联合第三方机构继续对长者开展其他服务，如义剪、入户祝福等。每月帮助长者申请80岁以上老人津贴，在智慧养老平台及时上传申请、注销信息，确保长者生活老有所养、老有所依、老有所乐。

• 退伍军人工作

那洲社区退役军人服务站为辖区退役军人提供真情服务，在走访慰问、优待抚恤、排查矛盾化解、信访接待及维稳、双拥共建、就业创业扶持、政策法规宣传等工作上尽心尽力，让退役军人都能感受到党和政府的关怀。

• 统战工作

那洲社区统侨积极落实上级“党建带侨建”工作任务，团结带领那洲社区海外侨胞、港澳同胞和归侨侨眷，切实发挥侨联组织作为党和政府联系广大归侨侨眷和海外侨胞的桥梁和纽带作用，最大限度地团结和凝聚侨界力量，投身社区建设，共同建设美好那洲。

• 残联工作

截至2019年底，那洲社区残联在册残疾人33名，社区配有残疾人专干，对社区残疾人实施“一人一档”动态管理，帮助残疾评级、生活补贴申请，积极推动残疾人康复、就业，保障和维护残疾人合法权益。

• 人大代表工作

截至2020年10月，全国、省、市、区、镇五级人大代表共70人次到社区代表联络站联系群众135人次，收集群众意见建议19条，已解决10条。在2020年春节及中秋国庆节期间组织代表开展走访慰问那洲、会同、永丰3个辖区困难家庭共30户，开展人大宣传工作1次。

四、社区基层治理

• 社区综治

那洲社区认真落实维护稳定、社会治安综合治理及平安建设工作的属地责任制，定期召开领导班子会议，研究解决社会重大问题，排查化解社区矛盾纠纷，配合开展特殊人员服务管理。

2019年社区将综治中心升级完善，集监控室与纠纷调解室于一体。深入推进“平安社区”建设，重点推进维护社会治安宣传教育工作，把问题解决在基层，维护社区平安稳定。

在中华人民共和国成立70周年、澳门回归祖国20周年的特别防护期间，那洲社区充分做好源头预防和不稳定因素排查化解工作，强化舆情信息处置研判，确保社区安全稳定。

• 扫黑除恶专项斗争

2019年是扫黑除恶专项斗争的第二年，社区坚持以“攻案件，提升群众满意度”为年度总目标，积极开展扫黑除恶专项斗争工作，定期召开扫黑除恶专项斗争工作例会、排查黑恶势力线索，通过线上线下多种方式开展扫黑除恶专项斗争宣传，引导全社区居民积极参与扫黑除恶专项斗争行动。

• 安全生产

那洲社区非常重视“三防”与森林防火安全，每季度及重大节假日期间坚持开展专题工作会议，每日坚持一巡查工作制度。2020年针对辖区小型场所、群租房共派出284个检查组，出动682人针对辖区内213间小型场所进行巡查，共巡查2741家次；对44栋群租房共巡查360家次，共发现安全隐患并督促整改115处。充分利用重要节假日、“安全生产月”等时间节点开展专项治理工作，共开展7次大中型消防安全宣传活动，组织社区消防志愿队进行消防应急演练5次。

2019年，对辖区内的227家“三小场所”进行登记造册，进行日常的消防安全检查，根据安全情况发出整改通知书，限期落实整改，并及时把上级下达安全生产文件及时发放到企业单位。在重要节假日前进行多种形式的实地检查，确保社区安全生产。

2020年防汛防风工作期间，社区针对辖区35间老旧危房、水浸黑点等重点区域进行全面排查，深入群众派发防风防汛宣传单张712份。在“鹦鹉”“海高斯”台风来临前，将辖区264名临险人员转移至社区级庇护场所，将436名布料城商户全部转移至区级庇护场所，实现100%转移。

那洲社区与山边种养户签订山林防火责任书。每逢森防期和重大节假日期间，社区均开展森防值守及巡查工作，社区领导班子和护林员均到各山边住户进行防火安全检查，按照上级安监部门的部署，领导组成员和护林员下到各进山路口设卡检查，对进山人员做好信息登记。同时结合社区宣传工作，向居民派发森林防火宣传资料，以确保各个森防期山林防火安全。

■ 那洲社区消防车(摄于2020年)

■ 那洲社区消防演练现场(摄于2019年)

五、环境卫生

那洲社区注重社区环境卫生，开展了环境污染安全隐患专项排查工作，针对山边、林地、窝棚、封闭林场及私人农庄等区域私挖山体违法建设、破坏生态植被、对环境造成污染等行为的地带进行彻查，及时上报线索，有效抑制社区污染、生态破坏问题。

社区与高新区区属企业——高华市政公司密切配合，生活垃圾实现每日一清，对社区卫生死角进行定期排查，做到发现一处整治一处。生活污水排入市政管网，经建设的污水处理站处理后达到排放标准。2019年，社区新增的二期污水处理站正式投入使用，社区新型环保垃圾站也已正常使用。

· 河长责任制

2019年以来，那洲社区在水资源保护、水安全保障、水污染防治、水环境改善、水生态修复、水域岸线管理、监督管理等方面全面落实区关于社区级河长责任制工作，对那溪河、后朗沟、中珠河渠那洲段进行定期巡查，配合上级部门开展河渠水质和污染源调查及开展河渠及沿岸的保洁工作。2019年，那洲社区联合相关执法部门拆除清理了中珠河渠附近的废品回收站建筑、那溪河沿岸的禽畜养殖场，确保水生态环境良好。

· “散乱污”场所清理整治

为坚决打好污染防治攻坚战，那洲社区针对辖区内227间“三小场所”开展定期巡查工作。2019年，社区联合相关执法部门，针对辖区内对空气、水源、环境造成污染的小作坊、废品收购站等散乱污场所发放整改通知书80余份，落实整改80余家，清理整治“散乱污”建筑1万余平方米，区生态环境良好。

· 爱国卫生与健康社区创建

社区制定了卫生公约、禁烟制度、张贴禁烟标志，开展了传染病防控宣传、除“四害”工作。在传染病防控的工作上开展除“四害”消杀工作，并组织了登革热防控宣传活动。

近年来，那洲社区高度重视爱国卫生与健康社区创建工作，被联合国卫生组织授予“健康社区”荣誉称号，辖区不仅建有健康步道、健康知识宣传公示牌，2019年更新增了健康文体公园、健康小屋等，为居民健康运动、健康指标测量提供了更加便利的场所。

·食品安全管理

那洲社区深入贯彻落实党的十九大“实施食品安全战略”，坚持以“让人民吃得放心”为工作理念，按照“上级部门指导协调、各方联合行动”的食品安全工作机制，在“加强领导，抓好食品安全网络建设”“加强宣传，提高食品药品安全意识”“开展专项整治，消除重大隐患”“建立应急预案，控制事故危害”四大项工作上狠抓落实。2019年度，社区食品药品协管员每季度对辖区内商户进行巡查，共巡查210家次，回复群众咨询180人次，家宴聚餐备案督导6次;开展讲座5次，宣传活动5次，农产品抽检8次，其中检出农药残留超标1次。

·违法建设行为整治及门前三包责任制

那洲社区积极协助行政执法部门开展“三清三拆三整治”工作，以实施乡村振兴战略、会同那洲连片打造为契机，积极开展人居环境整治工作，并加大巡查力度，协助相关执法部门严格管理违法建设行为。2019年，社区联合区建设环保局、社区局、征地办等相关执法部门对辖区内中珠河渠、那溪河附近污染场所进行了清理整治，改善了辖区村容村貌和生态环境。

社区严格落实门前三包责任制，重点抓好辖区布料城、餐馆、小商铺等“三小场所”市容环境卫生的监管工作，按照规定与辖区内的227家“三小场所”签订了门前三包责任书，实行网格化日常巡查管理，并建立巡查台账，积极协助行政执法部门依法查处“六乱一占”行为。

第二章
历史古迹和遗存

■ 古元故居（摄于2020年）

■ 古元故居正厅（摄于2020年）

第一节　不可移动文物

那洲村有8处珠海市不可移动文物，分别为古元故居、那洲古氏大宗祠、那洲东门楼、那洲南门楼、诚斋谭公祠、清晓古公祠、那洲炮楼、那洲梁氏大宅。那洲大碑沟桥于2017年9月被公布为珠海市高新区不可移动文物。

一、古元故居

古元故居是中国现代著名版画、水彩画大师，杰出的人民美术家，美术教育家古元的故居，位于珠海市唐家湾镇那洲社区那洲三村华昌路口，由古元父亲古万建于民国元年（1912）。故居面宽12.16米，总进深12.46米，总建筑面积153.51平方米，占地面积302.47平方米。坐东南向西北，面阔三间，二进夹一天井，砖木结构，十七桁砖瓦房。正厅设有神楼，次间均设有阁楼，外设小院。神楼放置由古元绘画的父母遗像，正厅两侧壁悬长条木板的家训“和气致祥百忍成金处世端资退让，厚德载福惟善为宝持身贵养谦光”。厅堂两侧前后进均为房间，后两间较前两间宽敞。故居正面檐口有山水和花鸟灰塑及彩画。青砖墙，灰瓦面，博古脊。故居整体保存完整，整个建筑布局和形制具有传统的岭南民居建筑特色。2011年5月被公布为珠海市文物保护单位，2012年10月被公布为广东省文物保护单位。

1985年，珠海市文学艺术界联合会投入8万元专项资金，用于开展古元故居修缮工程。2005年，珠海市文化广电新闻出版局启动古元故居维修保护工程，设立古元汉白玉半身像及古元生平展。2015年，珠海高新区开展古元故居修缮工程，在故居修缮基础上，设立古元生平展，完善家居复原展，并于2016年5月正式免费对外开放。故居内展有古元送给家乡的水彩画《家乡的大榕树》等作品（复制品）共34件，并有反映古元一生历程的图文展览。

二、那洲古氏大宗祠

那洲古氏大宗祠是那洲古姓村民的始祖祠，位于珠海市唐家湾镇那洲村三村，建于清道光十八年（1838）。坐西南向东北。原为广三路平面布局，总面宽12.96米，总进深25.19米，占地面积508.1平方米，现仅存中路和右青云巷小门楼。中路面阔三间，两进两廊夹一天井。抬梁与穿斗混合木构架。硬山顶，灰瓦面，博古脊。木雕花封檐板，有石雕、灰塑和彩画。头门前廊为青砖墙、石墙基，其余山墙均为三合土舂砌而成。凹肚式门楼，虾公梁上置雕花柁墩，石门额阳刻“古氏大宗祠”。抗日战争前，古氏大宗祠曾作为那洲村“崇德小学”，中华人民共和国成立后，做过大队粮仓；20世纪80年代，也曾做过厂房。其时后座屋顶已坍塌，全屋均根据使用功能而改建。那洲古氏大宗祠是研究珠海地区祠堂文化及古氏家族历史的实物资料，2011年11月被公布为珠海高新区不可移动文物，2012年7月被公布为珠海市不可移动文物，2018年2月被公布为珠海市文物保护单位。

2008年6月，在古氏族人的多方努力下，因破败而被空置多年的古氏大宗祠，恢复了祠匾，其后古氏大宗祠维修临时理事会又发起倡议，发动古氏族人募捐资金修建铁皮屋顶，并对宗祠的环境做了清理及维护。2015年，珠海高新区投入专项资金全面修缮古氏大宗祠。古氏大宗祠维修前被村民戏称为“那洲村大三巴”，意指祠堂残损严重，仅残留头门墙体。古氏大宗祠修缮完工后，高新区在祠内增设了那洲村史馆。该馆在文史资料静态展示的同时加入多媒体设备，动态展示那洲村的地理环境、历史沿革、历史名人、文化遗产以及今日风貌等，方便村民及游客了解那洲村本土历史文化，并于2017年4月正式对外常态化免费开放。古氏族人还筹资在古氏大宗祠主座享堂重建做工精致的神龛，恢复传统祭祖活动，为凝聚乡情、传承优秀传统文化、助力文化建设发挥了良好作用。重修启用的那洲古氏大宗祠与邻近的古元故居组团，兼具多种功能，既是为社区居民提供公益服务的文化休闲活动场所，又是展示那洲历史文化、充当对外文化交流的窗口，还是发展乡村旅游的历史文化景点。

■ 那洲古氏大宗祠(摄于2020年)

■ 那洲古氏大宗祠主座享堂(摄于2020年)

三、那洲东门楼

东门楼位于那洲村村东，建于清代，坐西向东。主要材质为花岗岩。占地面积约38平方米。门楼高4.38米，门高3.33米，门宽1.85米，门厚0.48米。门楼左右连接三合土围墙，左边围墙（残墙）长39.2米，右边围墙长39.2米。硬山顶，灰瓦面，青砖墙，有封檐板，门楼石匾上的刻字被水泥覆盖。那洲东门楼于2011年11月被公布为珠海高新区不可移动文物，2012年7月被公布为珠海市不可移动文物。

■ 那洲东门楼（摄于2020年）

四、那洲南门楼

南门楼位于那洲五村五堡南闸，是那洲村民为安防而建的闸门，当地人称之为南闸门，建于民国十二年（1923），坐北朝南。占地面积约120平方米。门楼高3.6米，门高2.56米，宽1.88米。门楼由石材砌成，花岗岩门框，门楣阴刻“和洽南薰”。门楼左侧东面三合土围墙长约200米，南侧向北三合土围墙长约100米。两侧门柱均有装饰用的彩雕，刻有寿桃、牡丹等寓意长寿富贵的传统图案。那洲南门楼是研究民国时期那洲村安防的实物材料。2011年11月被公布为珠海高新区不可移动文物，2012年7月被公布为珠海市不可移动文物。2016年，珠海高新区启动那洲南门楼修缮工程，修缮复原了门楼瓦屋门、脊饰、灰塑和石门阴刻“和洽南薰”。

■ 那洲南门楼(摄于2020年)

五、诚斋谭公祠

诚斋谭公祠位于那洲村一村57号，建于清嘉庆十一年（1806）。坐东南朝西北。总面阔三间，三进夹两天井。面阔11.85米，总进深34.61米，建筑占地面积410.13平方米。抬梁穿斗混合结构。硬山顶，灰瓦面，素瓦当，博古脊。头门设乐台，梁上有驼峰，檐下有壁画，虾公梁上置雕花柁墩。该祠改革开放后曾作为工厂厂房，现空置。诚斋谭公祠于2011年11月被公布为珠海高新区不可移动文物，2012年7月被公布为珠海市不可移动文物。

六、清晓古公祠

清晓古公祠亦称三塔祠，位于那洲村三村72号，为那洲古氏三世祖清晓公的祠堂，始建于清代，具体年份不清，重修于清乾隆三十三年（1768）。坐西南向东北。面阔三间，三进夹两天井。总面阔13米，总进深36.11米，总建筑面积469.43平方米。抬梁穿斗混合结构。硬山顶，灰瓦面，素瓦当，博古脊。暗八宝木雕封檐板，有石雕和灰塑。头门前廊为青砖墙、石墙基，其余山墙为三合土舂砌而成。凹肚式门楼，虾公梁上置花柁墩。灰塑门官神龛，上有对联一副“司一祠福祉，祐百代儿孙”。门口原有三级石阶且边有小石鼓护级，现仅余两级台阶。

清晓古公祠布局清晰、对称，体现了古人的风水理念和强烈的宗族观念。祠堂左边为一片空地，曾设有厨房和烧猪炉，用于准备祭祀时的供品。清乾隆年间，族人在此祭奠、议事及办学，族内极其重要的修谱活动都在公祠内进行。中华人民共和国成立后，清晓古公祠做过乡政府、民兵部。“大跃进”时期，曾作为劳动者的进餐聚集地、大饭堂。改革开放后，祠堂由古氏族人维修并使用。祠堂于2011年11月被公布为珠海高新区不可移动文物，2012年7月被公布为珠海市不可移动文物。

七、那洲炮楼

那洲炮楼位于那洲村五堡南闸。建于民国时期。坐北向南。炮楼面宽4.5米，进深6米，高13.8米，建筑占地面积为27平方米。花岗岩石砌筑，楼高三层，顶楼有平台，每层四个方向均有射击孔，二层墙外筑洗手间。据村中长者介绍，炮楼使用的是土炮，杀伤力颇大，操作不当会伤害到放炮者，有村民曾被误伤，因此并不常用，其最大作用在于威慑外侵者，让他们不敢进村抢劫。那洲炮楼是研究民国时期那洲村安防的实物材料，现炮楼外部保存完好，由于年久失修，部分楼梯倒塌，仅留楼梯石基座。2011年11月被公布为珠海高新区不可移动文物，2012年7月被公布为珠海市不可移动文物。

■ 清晓古公祠（摄于2020年）

■ 那洲炮楼（摄于2020年）

八、那洲梁氏大宅

那洲梁氏大宅位于那洲村五村12号。建于清末。坐南向北。梁氏大宅分左右两座，由2.2米宽的青云巷相隔。两座大宅以青云巷为轴线对称布局。每座大宅总面宽17.84米，总进深26.22米，两座总建筑占地面积993.21平方米。每座大宅均由主座、前庭、后院及厢房组成。主座面阔三间，两进夹一天井。大宅外墙除正门为青砖墙外，其余均为三合土墙，厚0.44米。那洲梁氏大宅是珠海地区建筑面积较大、保存较好的清代民宅之一，2011年11月被公布为珠海高新区不可移动文物，2012年7月被公布为珠海市不可移动文物。

九、那洲大碑沟桥

那洲大碑沟桥位于那洲村那溪河上，是那洲一村（旧称新村）村民为便于往来务农自发所建，溪河被当地人称为“大碑沟”，原为“大髀沟”，方言“大腿”的意思，该桥因建在大碑沟上，故名那洲大碑沟桥。始建年代不详。后由于河面扩宽，20世纪70年代时由生产队组织维修加固。桥全长29.3米，高2.3米。桥头建有坝头，阻挡水流通过，防止河水冲移石板桥。石桥由两段组成，一段为原有石桥，另一段为因桥面部分下塌重新修筑的新桥。原有石桥由8块石板组成，长19.2米，宽1.1米，厚0.26米。跨度4.4米，由5个桥墩支撑，桥墩上有2条石榫，将桥面与桥墩牢牢固定。新桥用块石做桥墩，上铺旧条石，条石上部铺设水泥砂浆桥面。大碑沟桥保存较完整，造型古朴、厚重，跨度较大，是珠海地区现存较为完整的古桥之一。虽无具体文字记载石桥始建年代，但从现存建筑构件、风格和工艺手法等综合考证，可判断其为清末民初时期的石桥建筑样式。桥墩及墩上石榫做法具有明显广府地区传统石桥的风格，对研究珠海地方古桥建筑历史及当地地理、水利等有一定的实物价值。2017年9月被公布为珠海高新区不可移动文物。同年11月，珠海高新区启动那洲大碑沟桥修缮工程，对原有石桥石墩按原样式复原冲垮部分，复原桥墩上的石榫、岸边水泥砂浆路面等，并于同年12月竣工。

■ 那洲大碑沟（摄于2020年）

第二节　入选珠海市历史建筑名录的那洲古建筑

那洲村有6处古建筑入选珠海市历史建筑名录，分别为那洲梁公祠，那洲一村52号民居，那洲一村67号民居，那洲一村158号、159号民居，那洲五村183号祠堂，那溪东庙。

一、那洲梁公祠

那洲梁氏大宗祠毗邻村内主要街道与活动广场。建于清朝，堂号不明，坐东北朝西南，整体格局为三间两进，由头门、天井、两廊、正堂组成。头门为凹门斗式，用麻石作门套、墙裙，以灰塑墙楣与檐口线脚，檐下设彩画，封檐板为小木作浮雕，雕饰精美，造型精巧。前后两进均作青砖墙、碌筒瓦，正脊、垂脊为博古脊。正堂为瓜柱抬梁式。祠堂整体格局完备，结构装饰工艺精湛，体现典型广府地区建筑特色，是研究珠海祠堂文化和那洲梁氏家族发展史的重要实物遗存。2019年12月入选珠海市第三批历史建筑名单。

■ 那洲梁公祠（摄于2020年）

二、那洲一村52号民居

该民居建于清朝，建筑整体格局方正有序，通风采光良好，适应岭南气候。建筑整体为青砖墙、碌筒瓦，檐下有精雕封檐板，装饰彩画。两次间墙楣和墀头饰精美线脚。此民居整体格局完备，结构装饰体现典型广府地区建筑特色，是研究珠海民居文化、那洲村聚落演化发展史的重要实物遗存。2019年12月入选珠海市第三批历史建筑名单。

三、那洲一村67号民居

该民居建于清朝，建筑整体格局方正有序，通过天井组织通风采光，适应岭南气候。建筑整体为青砖墙、碌筒瓦，檐下有精雕封檐板，装饰彩画。两次间墙楣和墀头饰精美线脚。心间主入口设趟栊门。此民居整体格局完备，结构装饰体现典型广府地区建筑特色，是研究珠海民居文化、那洲村聚落演化发展史的重要实物遗存。2019年12月入选珠海市第三批历史建筑名单。

四、那洲一村158号、159号民居

该民居建于清朝，建筑整体格局方正有序，适应岭南气候。建筑整体为青砖墙、碌筒瓦，檐下有精雕封檐板，装饰彩画。此民居整体格局完备，结构装饰体现典型广府地区建筑特色，是研究珠海民居文化、那洲村聚落演化发展史的重要实物遗存。2019年12月入选珠海市第三批历史建筑名单。

五、那洲五村183号祠堂

该祠堂面向村主要道路。始建于清朝，整体格局为三间两进，由头门、天井廊正堂组成。敞楹式用石柱础以及斗拱驼峰梁架等。前后两进均作青砖墙、碌筒瓦，正脊垂为龙船脊。正堂内柱为麻石，瓜柱抬梁式。祠堂整体格局完备，结构装饰工艺精湛，属典型的广府地区建筑特色，是研究珠海祠堂文化和那洲氏族发展史的重要实物遗存。2019年12月入选珠海市第三批历史建筑名单。

■ 那洲一村158号、159号（摄于2020年）

■ 那洲一村158号大门木雕（摄于2020年）

■ 那洲五村183号祠堂（摄于2020年）

六、那溪东庙

那溪东庙位于那洲村东头，建于清朝道光十一年（1831），是那洲村现存历史最悠久的建筑。据称当年该庙香火旺盛，远近村民都来此烧香拜佛祈福，旁边三间供僧人居住的耳房已经倒塌多年。该庙现仍在使用，供奉观音，近年有重修。建筑为三间两进，砖木结构，硬山顶，青砖墙、麻石墙基，山墙外墙现已被水泥覆盖。头门为敞楹式，两侧次间各设两根花岗岩石檐柱，上有石虾公梁、金花狮子，纵架为博古梁架。大门设石门套，石门额刻“那溪东庙”，两侧石刻对联。正堂为瓜柱抬梁式木梁架，空间开敞。那溪东庙入选2018年预保护名录，是研究珠海地区庙宇建筑的重要实物资料。2019年12月入选珠海市第三批历史建筑名单。

■ 那溪东庙(摄于2020年)

第三节　其他古迹

一、古墓葬

在那洲村山腰间修有两座大墓，一座是梁氏十二世祖、十三世祖与“安人”的合葬墓，另一座是梁氏“皇明六世祖”与“安人”的合葬墓。正对面有两对由麻石花岗岩制成的旗杆夹，保存完好。上部有云头形状，高146厘米，宽36厘米，厚13厘米，上有方形小孔，上书楷体“光绪乙酉科乡试中式第三十八名举人”和“光绪戊子科乡试中式第七十六名举人”。据村人介绍，这两对旗杆夹与梁氏坟墓安放在一起，有可能中举者为梁氏“墓中人”。另外，两位中举者的功名镌刻在同一对旗杆夹上，这种现象比较少见，有可能中举者是同族人。

旗杆夹一般放置于祠堂或墓地前，有光宗耀祖的意思，也可激励本族子弟发奋读书。据了解，清朝时期香山民间流行竖举人旗杆夹挂旗帜的民俗。当时，谁家里要是出了举人，都要到家族的祠堂前竖旗杆夹挂旗帜，旗帜上面写上中举人的姓名、中举名次等。举人旗杆夹也就是举人旗帜的底座，上面也会记录举人中举时间和名次。

二、相思林社公亭

相思林社公亭位于古氏大宗祠西侧。据《重修相思林社公亭记》记载，该亭建造时间已无从考究，而为何起名为“相思林”，却与一个传说有关。那洲村的北面，原有一条山涧名叫相思坑，由于常年水量充沛，在山坑边长出了一片茂密的树林，乡人称其为相思林。当年“社公”镇守那洲乡的北面，防范北方的妖魔鬼怪扰民，确保乡村风调雨顺，国泰民安。所谓“社公”即指土地公，社公亭就是村民祭拜土地神和祈愿的场所。

据说，有一年，当地发了大洪水，社公的宝座被冲垮，社公被大水一直推着顺流而下。到了坑尾，社公被冲上了岸边。洪水过后，人们发现社公失踪了，于是发动乡民，四处寻找，最后在坑尾岸边发现了社公。乡人喜出望外，恳请社公归位复职。说也奇怪，此时的社公好像落地生根一般，乡中精勇壮男全都上阵就是搬不动。人们认为这是天意如此，只好遵从，在此建了社公亭。

清光绪四年（1878）那洲西堡众村民发起重建，国学生古万联与古万积敬送了亭柱对联，古赞敬书。上联：同沾泽广遍乡间，下联：共颂年高多福德。

“文化大革命”期间，相思林社公亭被推倒，后来还被拆了搬去架桥，相思林社工亭香火渐熄。改革开放后，居住在香港的那洲村民古耀源凭借自己儿时的记忆，用砖柱水泥结构，重建了相思林社公亭。

2015年秋，金唐西路动工，位于排灌站的车路沟桥挖出了石柱，石柱座共8件。石柱上阴刻有文字，前面两柱是一副对联，后两柱阴刻有建造年份、建造人，遂将此石柱、石柱座运回村中。2016年，珠海高新区古氏文物保护协会决定再次重建相思林社公亭，将原来的石柱重新安装上去，恢复清光绪四年（1878）初建时的历史原貌，让那洲人记住乡情，热爱家乡，热爱祖国。

■ 相思林社公亭(摄于2020年)

第三章

特色节俗

第一节　节日庆典

那洲村始建于明景泰年间，有许多独具风情与特色的节日和祭祀活动，同时也有与之相对的特定食物。

一、春节

按照一年中的时间顺序，最重要也是最开头的是正月。春节期间，那洲村的村民需要进行堂祭仪式和扫墓。所谓“祖德宗功未敢忘，祭祖敬宗家业昌”，拜祭先祖，追远慎终是村里的重要大事。祭祀祖先的食物非常丰富，鸡鸭鱼肉水果蔬菜均是先摆到神位前，祭祀结束后才能分食。

岁末，那洲人要在年二十八前完成“扫屋”，以迎接新年。通常在扫屋的当天，女性长辈会点上一盏灯，扫完之后才能让这盏灯熄灭。扫屋后还要用柚子叶把神龛擦干净，完成这一步才算扫屋完毕。年二十九之前家家户户蒸年糕和茶果准备迎新年，其中炒米饼是那洲村最具春节特色的美食。

在除夕当晚，每家每户会点一盏“长明灯”，全家老少通宵守岁。除夕夜还必须余下一些肉菜，如鱼、芹菜、生菜、发菜、葱、蒜等，留到初一，叫“压岁”，意为年年有余。

正月初一的一大早，大家都会用袖子水好好地洗个澡，然后纷纷奔向庙堂抢着烧头一炷香以祈求今年的平安。另外，那洲村春节的传统习俗还有年初一要吃斋菜，不可以使用刀具，还要求妇女当天不出门。随着时代变化，目前那洲村的许多传统习俗已逐渐不复存在。

二、清明节

“年年岁岁祭扫先人墓，处处犹存长者风。”清明节对于岭南宗族文化浓厚的那洲村而言，是一个非常重要的节日，回乡祭祖的人甚至比春节还要多。

慎终追远，民德归厚。清明不仅是对逝者的思念，更是情感的延续与传递。清明节前，那洲各大姓氏宗祠都会发出通告召集那洲村民尊祖敬宗，无论乡市远近，都会穿戴整齐，尽力赶来参加祭祀以报本尽孝。

在清明节，那洲村里素有“拜祖先不拜神”的传统。为了传承民俗，2008年的清明节，村民们恢复了有着60年悠久传统的那洲古氏宗族清明传统祭祀活动。2014年清明前后，那洲村同宗族的乡亲从世界各地返回家乡拜祭先祖，传承民俗。清明节当天，村民们在村中长者带领下抬着乳猪等祭品“拜山”，向祖宗牌位行叩首礼，随后依次上香祈福。2017年4月，珠海那洲古氏大宗祠重修完工举行重光庆典，并成立了中华古氏文化促进会珠海理事会，来自海内外40多个古氏宗亲代表团逾千人济济一堂，共叙情谊。

以古氏大宗祠的祭典为例：清明前夕，古氏同宗子孙纷纷从五湖四海赶回家乡。清明正日举行墓祭。上午八时族人在古氏大宗祠集合，按长幼次序先后给列祖列宗上香祈愿。目前古氏大宗祠不断进行修缮，整理了古氏南迁十世先祖的概略，陈列在大宗祠的长廊上，分别是鼻祖古公亶父：为商朝末年周族领袖；南迁一世祖云应公：唐朝洪州通判；南迁二世祖浩公：唐朝虔化县令；南迁三世祖均公：唐朝秘书郎；南迁四世祖礼公：唐朝太常寺大祝；南迁五世祖蕃公：五代十国窦州都监；南迁六世祖全望公：五代十国诰授信安县令；南迁七世祖延绶公：宋朝信安县令；南迁八世祖成之公：宋朝绵竹县令；南迁九世祖宗悦公：宋朝殿中丞、勋骑都尉；南迁十世祖凤信公：宋朝朝议大夫。

九时，古氏族人准时从大宗祠出发，去会同南坑拜祭始祖瑜保公。山路曲折，古氏子孙到达始祖墓后先清理坟前杂物，摆设金猪（烧猪）、水果、茶果、糕点、鲜花等祭品；由长者拿着方形红白纸钱，绕坟墓边走边撒。祭拜按照先男后女、先长后幼的顺序进行。族人依次上前上香。上香毕，由长者执刀上前在金猪上划一刀，然后烧纸钱，接着分食祭品，吃完后燃放鞭炮，至此，始祖墓的祭拜结束。

宗亲接着赶往祭拜麻仓二世祖宗亮公婆墓，往后依次祭拜的是竹排地三世祖清晓公婆墓、上山埔六世祖渭阳公婆墓、后门山三世祖逸山公婆墓，最后是鸡㬹坑山古氏始祖婆黄太夫人。在各处的祭拜流程皆一样，在祭拜始祖婆后，古氏宗亲在其墓旁共同合影，墓祭礼成。

墓祭完毕后返回村中进行祠祭。合族集中大宗祠，由临时理事会宣读祭文，然后在村中德高望重的长者带领下，各裔孙按顺序依次向祖宗牌位行叩首礼并向先祖敬香一炷。上香的顺序为：先理事，先男后女，先长后幼。

接下来便开始分猪肉。分猪肉是那洲村祭祀最热闹的环节，此环节在祖坟前进行，由族中长者执刀，宗亲里的长者被邀请进入偏房参与切分猪肉，先由长者在每一只金猪上切下第一刀，然后由专业的厨师切分猪肉，那洲古氏族人每户一份，热心支持古氏族人的乡亲也可分到一份。分猪肉的习俗内涵非常丰富。猪肉是祭祀时供神的肉，宋代陆游的《入蜀记》卷五中有“招头盖三老之长，顾直差厚，每祭神，得胙肉倍众人”的记载。在祭祀时，生猪肉一般不带上山，上山以烧肉居多，烧肉分饷各房子孙，意在勉励子孙墨守祖业，谨遵孝道。分胙肉也有多有少，在家族中财大气粗者，拜山后会大摆宴席，凡属子孙均可列席痛饮。旧时猪肉只分给男丁，而在男女相对平等的今天，女子也有了分食猪肉的资格。那洲村民将分到猪肉视为一种积极的寓意，象征着受到祖先的保佑和庇护。

下午三点后，则是拜“亚公”的仪式。人们到各祠堂用饭、菜、茶、酒拜祭先祖。大祠堂、长房祠、清晓祠由专门的古氏族人负责。五点半后还有在古氏大宗祠举行的晚宴，自费自愿参加。至此，那洲村古氏清明祭祖活动全部结束。

节日与祭祀往往是传统文化最好的载体，它们无一不在其中渗透着当地的价值观。虽说珠海地区的节日与祭祀大同小异，但那洲村民仍在一定程度上保留着他们独特的传统，保存它们独有的价值。

■ 那洲村古氏宗亲祭祖现场

■ 那洲村古氏宗亲祭祖合影

■ 清明节祭祖分猪肉

■ 那洲村清明节古氏祭祖晚宴现场

三、端午节

那洲村的端午节是一个很隆重的传统节日，有两个特别之处，其一是有茶果、萝兜粽这两样具有地方特色的食物；其二是抬神游街，村民称之为“耍菩萨”。解放战争前，那洲村保留着端午抬神游街的民俗，每逢端午，村民将各庙宇的神像用“龙椅”装着，庄重地摆放在墟市。上午由村民虔诚祭拜，烧金猪奉神。五月初五、初六下午四时许，吃过公饭后，村中男丁肩抬安放神像的“龙椅”开始巡游。路线一般为乡主庙坑尾—文头埔—中堡—山头—街市—新村—乡主庙。巡游队伍中还有舞龙、舞狮、旱龙舟助兴，其中五队的舞龙最有特色，其龙身是用竹片编织成一节一节组成。在锣鼓和鞭炮声中结队巡游村境，百姓夹道观看、迎接，沿街妇女烧香拜神，神前香火鼎盛，大家围着神像向其祷告祈求平安，场面十分热烈，整个乡村洋溢着喜庆欢乐的氛围。那洲的耍菩萨还有一个独特之处，关于神像什么时候送回庙宇，还需要通过投掷筊杯来决定。如筊杯两片同时显示仰（笑杯）或同时显示俯（阴杯），则需要重新耍一次菩萨，神像不可以送回庙宇。筊杯显示一片仰，一片俯，称为圣杯，表示巡游结束，不需要重新耍菩萨，神像可以送回庙宇。

四、盂兰节

农历七月十四日为盂兰节，俗称“中元节”，亦称“鬼节”，是祭祀祖先及阴曹无祀孤魂。家家户户以炊煎堆作祭品。是晚，渔民烧纸人和将饭、花稔等食物投海祭“水鬼”。

清代至民国时期，各乡村会在盂兰节举行一次建醮盛事。建醮俗称“打大醮”，又称“太平清醮”，是以集体崇拜方式向神灵祈福的一种民间活动。

开坛前，要清洗街道，各街巷贴“洁净斋戒，污秽勿近”的标语。请棚厂搭建醮棚和戏棚，并请戏班演戏，以赞颂神灵的庇佑。醮事期间，村民把各路神像送到醮棚里祭祀。醮棚悬挂灯笼和白蜡烛，醮坛上方正中悬挂一幅用红墨书写的“酬思建醮”的白布长幡，村外四个角也插上幡杆（俗称“引魂幡”）。每日黄昏时，分别由四名僧人和四名吹唢呐者在四个方位念诵招魂法语和吹奏，寓意招致四方游魂野鬼速来醮坛享受斋敬，不要在村里游荡。

开坛之际，村里各处敲响铜锣，各家各户在同一时间于家中焚香顶礼，迎接建醮大典的开始。从开始至结束，家家户户每天吃清斋。醮事最后一天的夜晚，钟鼓齐鸣，先是各姓族长、乡绅及当届总理以下执事者依次向醮坛上香，祈愿“民安物阜、五谷丰登、四境安宁”，继由僧人绕五方神灵，一面诵经，一面抛饭洒水向游魂野鬼施行最后一次斋敬。至凌晨子时，所有大小纸扎的神像集中在醮棚前后的空壕进行焚化。

中华人民共和国成立后，那洲村不再举办此项活动。

在农历七月，那洲当地人认为鬼门关大开，诸事不宜，一般既不嫁娶也不搬家。七月十五当晚，那洲村村民会在石人山的企人石上点天灯，超度亡灵，为他们指明方向，祈求村民平安大吉，且各家各户在自家门口或路边摆米饭、生果、肉食等供品，并烧纸衣，期待先祖保阳间人出入平安、万事顺利。

五、中秋节

农历八月十五是中秋节，又称为“团圆节”。从农历八月上旬开始，亲戚、朋友之间互赠月饼、水果、礼物等，直至八月十五。

那洲村民在中秋节这天会祭拜相思林社公，即当地的土地神。村民每逢初一、十五都会祭拜土地神，中秋节的祭拜会在祭品里加上月饼、柚子、杨桃等水果。人们在祭拜完后再把供品带回家分享，认为这些供品祭过土地神会给自己或家人带来好运。

晚上全家团聚在一起吃饭，吃完饭后进行拜月祭礼和赏月光，当地人称为“拜月光”。拜月光都在露天场合，基本是家中的小院。拜月的时间大概是晚上八点钟左右，即月亮刚刚升上来，从家中的小院可以看到月亮的时候，村民会将祭桌摆到家中的小院里，依次摆上香烛、祭品等，然后开始祭拜。祭品一般会有柚子、柿子、杨桃等水果，还有当地特色芋头糕、菱角、芋头、花生及月饼等食品。芋头糕等茶果一般都是自己家做的。拜月还会放纸供品——寿金（一种带有金箔的折成金元宝形状的纸钱）、烧纸钱。

家里有孩子的会在拜月之时在香案旁放几小杯茶水，拜祭结束后，让小孩喝下，以祈求孩子平安长大，顺顺利利。拜月光主要祈求家人身体健康、团团圆圆、和顺美满等。拜月光的时候一家人围坐在一起聊天赏月，小孩则提着灯笼到处游玩。

近几年，那洲社区每年都会在中秋节的前一天举行中秋节活动，主要活动形式是中秋晚会和猜灯谜，灯谜猜中了还会有礼品赠送。中秋节还会有义工来到村里，举办趣味的制作月饼活动。

六、重阳节

农历九月初九日为重阳节，又称“重九”。那洲村在重阳节里，有佩茱萸、吃糕饼、饮菊花酒、登高、扫墓的习俗（重九扫墓和清明仪式差不多）。每到重九，人们成群结队登山，家家户户蒸食一种用

■ 重阳节活动现场（摄于2018年）

米粉做的九层糕，上面做两只小羊，意即重九重阳。有的还在重阳糕上插一小红旗，代替茱萸，并点蜡烛灯，以示“登高”。同时，在登高之时，采回百草、花木的叶或根，晒干捣成粉末，研成药丸，称为“百草药”，以作平时治病之用。中华人民共和国成立后，农村仍保留吃糕、采百草药及登高的习俗。而今重阳节，为庆祝节日，弘扬中华民族尊老爱老的传统美德，丰富老人的精神文化生活，践行爱老助老的社会责任，那洲社区每年举办“九九老人节，浓浓敬老情”主题活动，让辖区老人感受晚年生活的幸福和温暖。那洲村年满60岁的本地居民不仅可以免费享受这场盛宴，还可以免费领取大米、油盐等实用的生活用品。

七、冬至

冬至又称“冬节”“长至节”。乡人有“冬（冬至）大过年”之说，认为冬至比春节更为重要。是日，全家团聚，宰鸡杀鸭，烹鱼肉，祭拜各路天神和列祖列宗，然后吃一顿丰盛的晚餐。农家妇女舂米粉（俗称“冬前粉”）、蒸粉果、制糍糕和煮咸汤圆。

八、祭灶

农历十二月二十三日为祭灶日。祭灶是民间岁时祭祀之一，也称“送灶”“谢灶”。是晚（俗称“小年夜”），家家户户摆放一些瓜果、饴糖，烧灶祭拜灶君，在灶旁祀灶，希望灶君回天堂见玉帝时，为凡间多讲几句好话。同时，告诫家人在送灶日不要在灶前高声说话，更不能骂人，以免灶君听错话招来灾祸。至除夕夜又迎回灶君，谓之“迎灶”。

九、祭祀拜神

除了大年三十、春节、初二、端午和中秋的既定节日以外，嫁娶祝寿时也要举行堂祭。祭祀需要准备3~5个荤菜、瓜果糕点，香、纸、酒、茶等。堂祭时，一人三组香以内，三支香为一组，家庭最长者率众上香鞠躬，其中一组香插在案桌的正下方香炉，表示敬地；一组香插在天井边上香炉，代表敬天；再在案桌上香炉插上一组香斟上茶、酒各三杯。再由长者念词，报上具体日月，所庆何事，某某人带领全家老少祭拜先祖。此时三鞠躬。继续念词：今日以何种食物祭拜祖先，求先祖保佑我等吉利之言，最后三鞠躬。祭拜之后，化宝鸣炮，享用餐食。

那洲村的文化秉承着百善孝为先，村委会中挂有手录的百孝篇，村民们认为堂祭的核心是孝的传统，通过堂祭记住宗功祖德，传承优良家风。

平日里，偶有特殊的日子需要祭祀拜神（譬如祠堂与祖坟重修后的重光祭、规模化的外地宗亲寻根问祖的祭祀等），则需进行吉礼（单献或三献仪式）。单献礼礼序如下：

1. 摆设祭品。在有桌围的案桌上摆放神牌香炉，案前摆茶杯、酒碗各五只，奉茶、酒及烧猪、鸡、鸭等数样。香纸、烛、炮等放桌两旁。

2. 请神告词。由一主礼二执事三人以上的主祭人员堂前跪，再上香唱词。

3. 迎神。击鼓奏乐，祭祀人员各司其事，鞠躬、下跪、叩首，迎神斟酒。

4. 盥洗。每人用一张纸擦手。

5. 祭祀。三上香，主祭人员人手一杯酒，向神捧酒，再滴酒落地，将杯子放回原处之后，执事捧上祭品。

6. 行通献礼。主祭者率众人唱礼、跪拜，执事向祭祀时的酒杯中三斟酒，再把所捧的酒倒进神主前的五只酒碗里。主祭者唱祭词，宣祝章，叩首，起。

7. 行分献礼。陪祭者奠酒，各报名姓世辈祈福，主祭者将五只酒碗各斟酒一次，再将酒壶里剩下的所有的酒斟满所有的酒碗，将酒壶打开盖子放在桌上。化财鸣炮焚祝章。

8. 辞神。六叩首，所有人肃静起立（代表捷步高升），礼成，揖。

所有的祭祀，主礼执事者都是受人敬重的先生，需正衣冠，背熟礼仪文，执行祭祀时，位置、板调是非常重要的。古氏祭祀单献或三献礼仪都是自清朝起通行至今。三献礼仪式较单献而言比较繁琐但基本相同，需要两个主礼，一通唱，一引唱，多位主祭，四执事。祭大宗祠则相较单献礼多一个歌嘏辞（执事为受祭者致福于主人之辞）。三献礼礼序如下：

1. 请神。大众行香，对祖公奉三次，下跪，再奉三次。执事收香，插至祖公香炉、龙神，大门两边及祠外，众三叩礼。主祭者跪祖考妣堂，上香，叩首，立定。

2. 告词。执事跪，宣读告词，告时日，念祭词，叩首。

3. 迎神。引唱“就拜位”，众向主祭者作揖，主祭者也作揖，击鼓奏乐，主祭者与陪祭者迎祖鞠躬跪，六叩首，平身迎神酌酒。

4. 行盥洗礼。二执事同时燃香，主祭者跪香案前三上香，主祭人员人手一杯酒，向神捧酒，再滴酒落地，将杯子放回原处之后，执事送来贡品。

5. 行初献礼。初奏乐，引唱与主祭相互作揖，主祭三人正立于神位前，引唱者唱祭词。奉贡品，唱祝词。

6. 行亚献礼。亚奏乐，引唱与主祭相互作揖，引唱者唱祭词，引唱与主祭再相互作揖，引唱者复拜位，执事奉贡品。

7. 行终献礼。主祭者行左昭右穆礼，三进爵，奉贡品，三叩首，复拜位。

8. 行饮福礼。主祭孙于饮福所跪，执事拿酒杯从奠酒杯盛酒，再分发祭祖糕，主祭人员当祖公面吃糕饮酒。六叩首，复拜位。

9. 行分献礼。四执事斟酒（炉前五个碗，桌边三个碗，四人动作要一致，最后将酒壶放下，打开瓶盖），化财鸣炮焚祝章，恭贺祖公、狮班、仪仗队等，讲述祖公的德行生平。

10. 行祝福礼。由族中有名望的长者向大众宣讲祷告。

11. 行望燎礼。引唱与主祭相互作揖，引唱者与四执事（三人奉杯一人提壶）至烧纸处，将酒泼入火中，复位。

12. 辞神。六叩首，礼成，揖。两位礼生向主祭人作揖，主祭人回祝词。

三献礼常被使用在大型的祭祀活动，三献礼同单献礼只是过程更详细，所需人员多了一些，大致上是没有出入的。

与堂祭仪式同时进行的还有扫墓。大家族的扫墓由于人员众多，不常组织，则一般使用三献礼，时间则在初一至初五间和清明时节。村民们认为扫墓这一活动，能够团结家人、族人，缅怀先祖功德，有利于传承优良家风，激励后人进步。

扫墓前需要准备祭品（三牲、水果、糕点、鞭炮、四蜡烛、香一把、酒及酒具，纸钱若干），带上锄头、镰刀、铲子等工具。扫墓时要将祖坟周围的杂草树木清理干净，并将三张纸重叠为一摞，对称放在坟墓的排水沟内、墓碑正前方和后土上方，然后摆好祭品。孝子贤孙肃立坟前点香，司仪告词，再上香，三跪拜后收香。跪，念祭文，起，再跪，再起。主祭献礼奠酒。孝子贤孙许愿、奠酒、化宝辞神。最后收祭品，放鞭炮。

除却扫墓的仪式，那洲村的老人仙逝的入殓礼为单献礼仪式，仙逝路祭为三献礼仪式。说是三献，但实际上它的流程相较重大祭祀的三献礼更为简化一些，可说是三献，其实又是“七献”，每当孝子从上桌到下桌时，引唱者都要与孝子相互作揖。

1. 上香告词。奏乐摆祭品，孝子就位，执事传香，孝子上香。叩首，就拜位，击鼓、奏乐。

2. 迎神。死者家属就位，执事各司其事，参神鞠躬跪，三叩首，平身迎神酌酒。

3. 行盥洗礼。孝子于盥洗台盥洗，复位，执事焚香，孝子跪于香案前，三上香，降神受爵，叩首，执事进贡品。

4. 行初献礼。初奏乐，孝子跪堂前，进爵（斟酒）奉贡品，复拜位，宣祝章，叩首，旌匾。

5. 行亚献礼。亚奏乐，孝子跪堂前，亚进爵奉贡品，复拜位，执事进贡品祭章。

6. 行终献礼。三奏乐，行终献礼，孝子跪堂前，奉贡品祝章，叩首，复拜位。

7. 行分献礼。奉贡品，进爵，化财，焚哀章。

8. 行望燎礼。孝子望燎，斟酒，滴酒于地，将酒杯放回案上，作揖，复位。辞神鞠躬，跪，六叩首，捷步高升，撤酒，礼成，二作揖。

古时，行祭人员身着长衫，祭祀仪式在悠悠笛声中进行，引唱礼生唱礼声调婉转，执事宣读祭章抑扬顿挫。

第二节　民间习俗

一、墟日

墟日，是中国南方地区乡村赶集的日子。墟市是专门为交易目的而设置的聚集场所，以旬日为期谓之墟，以早晚为期谓之市。墟期分小墟日和大墟日，以三日一市，谓之趁墟。

每月农历一、四、七（初一、初四、初七、十一、十四、十七、廿一、廿四、廿七）是那洲村村民的赶集墟日，逢上重大节庆如端午节、中秋节和春节前夕，即农历十二月二十五至二十九期间天天都是墟日，也是墟日人数的高峰期。

在交通不便利的年代，每遇墟日，那洲村的村民总是天还没亮就出门赶往十余里外的下栅墟，将自己生产的农副产品，用肩挑或用木制的牛头车运去摆卖。赶墟者除那洲村等唐家湾地区本地人外，还有中山、澳门的顾客。一些外来的艺人也在这里演木偶戏（又称“独脚戏”），车水马龙，生意繁盛，场面十分热闹。墟市上大部分是村民自发的商品交易，也有商人分行业在集市上摆档做生意，交易产品多为村民自己种养的农副产品或家禽，如南瓜、番薯、凉茶、生猪、鸡、鸭、蛋等。此外，还有布料山货、糖烟酒、渔业产品等。中华人民共和国成立后一直沿袭。

如今，由于经济发展，那洲村民早已不再走一大段路前往墟市，日常所需的农副产品、手工制品，都可以在村中所设的那洲市场和小超市进行采购。随着现代社会商品经济的发展，人们的交易方式逐渐转变，现代规范的农贸市场与超市使得人们的交易越来越方便快捷，这给人们的生活带来了极大的便利，而墟日这种古老的交易方式及习惯，在现代社会商业的冲击下逐渐消失。

二、木偶戏

在广东，木偶戏的种类有很多，像杖头木偶、提线木偶、铁枝木偶、布袋木偶等。这些都各自分布在省内粤语、潮语、客家话、雷州话等方言区，各类木偶雕制作、操纵技艺以及艺术风格，彼此有异，丰富多彩，均是广大群众喜闻乐见的传统艺术。

木偶戏起源于巫术原型的审美模式，源于民间的信仰。木偶戏可以“娱神”，人们相信通过“娱神”可以祈福，达到人神共乐的和谐状态。因而木偶戏的演出常常与和祭祀相关的节日绑定在一起。

那洲村木偶戏的戏班一般有两套人马，这两套人马共同完成剧目，一组人负责操控木偶，另一组人负责幕后工作，如唱词以及打击乐器的配乐。木偶戏的剧目大多都是社会上广为流传的传统剧目，如《宝莲灯》《白蛇传》等，内容多为扬善惩恶，旨在引导人们言行做尊崇道德的典范。服饰及妆容等严格按照角色的特征来制作，辨识度很高，以令观众容易理解剧情。

三、舞狮

那洲村有舞狮的习俗，一般会在喜庆的日子，如春节等，请专门舞狮的狮队到场进行祝贺。那洲村原有一个专门舞狮的班子，村里需要狮队表演时都由此狮队出席。狮队的招募以自愿报名为主，实施学徒制，为学员提供食宿但无工资，平日会在队长的主持下进行训练，后因资金问题解散。

■ 舞狮

第三节　民间玩乐

一、斗蟋蟀

俗称斗蛐蛐、秋兴，是一项历史悠久的民间博戏。我国古代最早的一部诗集《诗经》中已多次写到蟋蟀，有“蟋蟀在堂，岁聿其莫”“十月蟋蟀，入我床下”等诗句，注意到蟋蟀与节令有密切关系，但并没有提到两雄相斗的习性。蟋蟀之异名别称特别多，据《古今注》记载，有促织、王孙、吟蛩、莎鸡、寒虫、络纬、纺绩、促机等二十多个。

那洲村常年温暖多雨，村子附近有三座小山，分别是后门山、马仓山、石门山。村里稻田丰富，河网密布，草木茂盛的自然环境为蟋蟀的生存繁衍提供了绝佳的条件。在七八月的夏季，酷暑炎炎，忙碌了一天农活的村民们常常会利用空闲时间到田间地头去捉蟋蟀，村里老人回忆当年村里小孩喜欢拿着纱罩或用铁丝圈成的网罩去捉，捉到后装进提前准备好的纸筒、竹筒或者纸盒里面，边上开一个小的透气孔。

捉蟋蟀的地点一般都是在乱石堆里，据村里的老年人介绍，躲在乱石堆里的蟋蟀天性好斗，因为它们整天要和毒蛇蜈蚣等生物抢地盘。小孩子一般会听蟋蟀的叫声来判定蟋蟀所躲藏的位置，并把蟋蟀和其他昆虫区分开来。当捉回蟋蟀后，把它们放到准备好的瓦盆里甄别，一般会选择头大脖子宽身子肥的蟋蟀留下，颜色以青色为最佳，其次是黄色、红色、黑色、白色。这样选出来的蟋蟀天性好斗，凶猛无比。

有些小孩子喜欢将捉来的蟋蟀先养一段时间再斗，他们会把它们放在瓦盆里养，平时喂点小鱼、小虫子、米饭和水。斗蟋蟀的时候，会把两只不同的蟋蟀放到同一个瓦盆中，中间先用纸板做隔断，比赛正式开始后才把纸板拿开，双方的主人用芡草撩拨蟋蟀的牙齿，从而激怒蟋蟀，这时原本不动的两只蟋蟀会主动迎向对方，用触角触碰对方，发现对方都是雄性时，便会露出两颗锋利的大牙，进行决斗。伴随着围着瓦盆观看比赛的孩子们的呐喊声，两只蟋蟀会扇动翅膀，发出尖锐的鸣叫声，这是在给它们自己加油鼓气，顺便震慑一下对手，接着蟋蟀开始用牙齿撕咬对方，扭动身体躲避对方的攻击，直到有任意一方被对方追着撕咬四处逃窜，跳出瓦盆，输赢方定。此时输的蟋蟀会一动不动，一声不吭，而赢了的蟋蟀则会扇动翅膀不断鸣叫，似乎在享受众人的欢呼和胜利的喜悦。

现时那洲村里已经不再有人玩斗蟋蟀了，但儿时斗蟋蟀的场景依旧给村民们留下了很深的印象。

二、斗雀

斗雀，即斗鸟。斗雀的鸟类体形一般较小，但性情凶猛、善争好斗者不计其数，例如八哥、画眉等。

斗雀没有斗蟋蟀这么出名及历史悠久，只在清代一些历史典籍上有过记载。而近代大都盛行于越南、广西、贵州、珠三角等地，如澳门的一些茶楼，会为茶客提供场地玩雀、赏雀。

斗雀的方式有两种，一是隔笼相斗，将两只鸟置于同一只鸟笼，中间用器物分隔开，争斗几个回合后，高声鸣叫的一方胜利；二是滚笼相斗，将两只鸟放进一只鸟笼，让两方尽情撕斗，玩家不予干涉，最后斗得鸟毛脱落，甚至当场死亡，存活或后死去的一方即为胜者。斗雀是残酷又激烈的，玩家为了获得胜利，在参与搏斗前会对所养的鸟倾注大量的心血。

那洲村的斗雀以画眉鸟为主，旧时有人专门去山上抓获野生的画眉鸟出售给驯化斗雀的人或者斗雀的玩家，以这种交易方式谋生。选雀有门道，要挑身形像葫芦一样的雀，嘴巴尖而锋利，下肢要稳要重，尾巴要轻。野生的画眉鸟不能够直接参加搏斗，需要经过专人的驯养，驯养者可以是善于调教斗鸟的人，也可以是玩家自己。

早年村民还会趁农闲的时候去珠海或者澳门的一些茶楼喝茶吃点心观看斗雀表演，每当到了斗雀的季节（每年的农历十二月到次年五月），这些茶楼就会在茶楼中间的空地上用油漆或者绳子画出或者圈出一个小正方格，作为斗雀场，供雀友斗雀、玩雀。斗雀和斗蟋蟀同理，将两只公雀放进笼子中，互相看到对方后怒火中烧，互相打斗，直到一方落败而逃，才分出胜负。在斗雀的同时，观看的茶客也会下注，赌哪只雀会赢。

第四章 风土民情

第一节　饮食文化

那洲村地处南海之滨，又背靠连绵山脉，生产方式以农林业为主，以渔业为补充，属于半农半渔的方式。村民饮食习惯上糅合了以水稻为主的农耕和以海鲜为主的渔业两种文化特点。主食多为米饭，副食包括蔬菜类、肉类及海鲜类食物。

村里的鲜蚝与蚝油十分著名。那洲村人工养蚝历史悠久，由于那洲地处珠江的出海口，潮流畅通，是咸淡水交接的浅海地带，浮游生物十分丰富，是生蚝的理想栖息之地，品质上佳的天然生蚝成为远近闻名的特产，因需求量大，因此衍生出了人工养殖的特种行业。

20世纪初至40年代，那洲村生产的鲜蚝和蚝类产品在国内外打开了知名度，其中蚝油以其鲜美的品质，在广东、香港、澳门等地区和美国、东南亚等地畅销，是珠海的第一大特产。

一、一日三餐

那洲村村民的早餐以面、粉和粥为主，午饭和晚饭都是以米饭为主食。当地常年高温，天气炎热，为避免上火，烹饪以清蒸和白灼为首选，例如吃鱼通常是清蒸，非常讲究火候，平时也会炒菜，一般很少吃辣。

那洲村民尤其喜欢煲老火汤。当地人认为汤的营养价值比较高，食物的营养都悉数溶入汤里。另外汤也偏于清淡，利于人体的吸收。煲汤根据时令有不同的讲究，春季以祛湿为主，高温湿热的夏天则喝降暑下火汤，例如冬瓜薏米汤。秋冬则以滋润和进补为主。当地人注重按不同季节配以不同汤料，调理身体，药食同源。煲汤的食材也非常丰富，根据个人的喜好，会有各种各样的汤出现。花生、莲子、甘蔗都可以用来煲汤。猪骨、鲫鱼等也是广受当地人喜爱的煲汤食材。煲汤食材搭配的技巧非常讲究，比如绿豆搭配莲藕和排骨等。

二、茶果

茶果的说法由来已久，可溯源至明代，在唐家湾地区主要是对糕点一类的统称。那洲村属于唐家湾地区，茶果是当地人为庆祝节日、拜祭神灵或祭拜祖先并根据一年气候变化而制作的食品，主要有大龙糕、豆捞、角仔、煎堆、炸糖环、油炸角仔、生粳糕、叶仔、栾樨饼、萝兜粽、碱水粽、碱水糕、五指揸、芋糕、萝卜糕、银糕、松糕、食饼、糖熬米、页糕（千层糕）、茶果汤等40余种。过年时家家户户都会准备“大龙糕”；年初一和年初七时人们会吃“豆捞”；正月十五吃“糖圆羹”；三月三“上巳日”吃“生粳糕”；四月初八“佛诞日”吃“栾樨饼”；五月初五端阳节吃“碱粽”“萝兜粽”；七月十四盂兰节吃“叶仔”和“炊煎堆”；八月十五中秋节吃“芋头糕”；重阳节吃“九层糕”；冬至之日吃“萝卜糕”“九层糕”“银糕”和“菜角”；春节期间吃“炸煎堆”“炸糖环”等。而清明节用于祭祖的“松糕”，祠堂祭祀的“濑镬边”，母牛下崽拜祭牛王的“五指揸”等，都显示了茶果在人们祭祀生活中的广泛应用。

茶果不仅是唐家湾群众用于祭祀和迎接年节的糕点，也用于各种喜庆场景，如用于满月、结婚、生日庆典等。孩子摆满月酒或百日宴时，主人家会做“百子糕”赠送给到场的亲朋；长辈生日亲戚嫁娶则赠送“银糕”。在唐家湾地区，茶果也经常被当作各种佳节的贺礼相互赠送。2010年6月，“唐家湾茶果”被列为珠海市非物质文化遗产代表作名录。

那洲村民擅长制作茶果。据那洲本地人介绍：“虽然与唐家湾的茶果种类都差不多，但是那洲村制作的茶果每每拿出去都大受欢迎，还有电视台特意来村里拍了制作茶果的纪录片。这茶果我们平时经常当点心吃，吃了几十年了也不会腻，出门在外打工的人每次过年回来都会大吃特吃，唐家湾镇每年都会有茶果大赛，那洲村连续好几年都是第一名。”言语间自豪感油然而生。

■ 当地村民在制作和品尝茶果(摄于2019年)

茶果种类众多，由不同材料不同工艺制成，各具特色，口味有咸有淡有甜有苦，口感有香脆也有软糯，形状有圆有方也有三角状的，各式各样的茶果在民间广为流传。这些成本低廉取材容易的糕点极大丰富了穷苦岁月里村民的日常饮食。鼎盛时期那洲村有多达60余种的茶果，目前在那洲村较为常见、容易购买的还有十几种。

这些茶果口感好，深得人们喜爱，喜庆节日必不可少，大型祭祀不可或缺，有其独特意义，它们的种类主要有：

- 年糕

俗称大龙糕，常见于春节前后，主材为糯米粉，口感较为软糯。制作方法为糯米粉加上红糖、花生油，揉搓和成凉米浆，然后需用一个芭蕉叶垫隔的蒸笼蒸煮三个小时，最后撒上芝麻与红枣即成，口感香甜软糯。一般寓意在新的一年里能够龙马精神、大吉大利，多用于年节时家里摆盘及待客。

大龙糕

油角

煎堆

·油角

这种茶果在整个广府地区都较为常见。那洲村的油角制作方法为：以黏米粉为皮，包入馅料后捏成金元宝的形状在油锅中炸至金黄色，常见馅料有炒花生碎、芝麻、椰丝、白糖等混合物，是那洲村民春节必不可少的待客、拜年礼品之一。

·豆捞

粤语有云：“豆捞豆捞，越捞越好。”那洲人制作豆捞的方法是用糯米粉加水揉搓成一颗颗如汤圆的圆粒，放入清水煮沸的锅中煮熟，再将其捞起拌上白糖、炒黄豆粒或花生粒即可食用。豆捞谐粤语音“都捞”，有“捞福、捞财、捞运”的寓意，是春节期间家家户户不可或缺的茶果，在大年初一和大年初七，那洲村民各家各户都会做几锅豆捞充当点心，也用以摆盘待客。

·煎堆

煎堆也是广东一带极为常见的贺年食品，起源于中原地区。据考最早可追溯至秦汉时期。随着朝代的改换，中原人的不断南迁，逐步流传到南方并成为一种家喻户晓的贺年食品。那洲村的煎堆主要分为甜煎堆与咸煎堆两种。两种煎堆的主材料都是糯米粉与芝麻，甜煎堆主要是将糖水加入糯米粉中揉搓成团，捏成空心圆球状并留一小口，包入豆沙馅，最后往里充气后快速封口下油锅，炸至金黄色膨胀比拳头略大后捞出，粘上芝麻即成。而咸煎堆在制作方法上与甜的并无太大区别，只是将糖水改成用盐水来“开粉”，馅料里会加入肉粒、虾米、鱿鱼须、葱花、咸萝卜干，最后经过油炸后也粘上芝麻，吃起来既有糯米香味又带点海味的咸鲜香，极有特色。

煎堆既是春节期间必不可缺的茶果，也是新屋上梁、新居入伙、婴儿满月等仪式必不可少的。那洲村民在搬新屋和新屋上梁的时候有一个习俗，就是会在门口或者梁下摆好一叠煎堆，然后拿起煎堆使劲往披红的主梁上抛，抛得越高越好，待到煎堆落在地上碌碌滚动时旁人便大声叫好，俗称“煎堆碌碌，金银满屋”。

糖环

菜角

三丫苦糕

• 糖环

糖环是春节期间的贺年食品，那洲村民常会在年前炸好放在家中，用作“压岁”，也用以春节期间待客或作为贺年礼品。糖环主材为黏米粉，口感香脆，形状即为圆环形，颜色金黄，酷似旧时金钱，因此深受乡民喜爱。主要做法是往黏米粉中加入白糖与鸡蛋，揉搓捏成环状，然后下沸油锅，等其翻滚炸至金黄色即可，寓意财源滚滚来。

• 角仔

角仔又称萝卜菜角，呈白色“元宝”状，也有金银满屋的意思，一般那洲村民会在腊月二十八或二十九做好，用于“压岁”。角仔的主材料也是黏米粉，中间带馅，馅料主要有萝卜丝、肉末、虾米与葱花。做法是用黏米粉作皮将馅料包进去，再放进垫有芭蕉叶的蒸笼蒸熟。味道清爽可口，且不易上火。节日期间村民亦多准备角仔，一来待客方便，二来在吃腻大鱼大肉后，也可吃角仔调节一下口味。

· 三丫苦糕

又称“生粳糕”。三丫苦（或称“生粳”），是亚热带的一种芸香科植物，叶子虽苦，但它是一种清热解毒、祛风除湿的中草药。在春天的农历三月初三，那洲村民用这种中草药制作成糕点，并认为食之有利于预防疾病。农历三月初三，在那洲被称为“姑婆诞”，传说中的姑婆不怕吃苦，勤劳能干，被当地人当作神灵来祭拜。当地人在农历三月初三这天用三丫苦这种植物做成糕点作为祭品，表示对姑婆的崇敬。另有说法是，人们为了抵御当地春天湿热的气候，便把三丫苦混合糯米粉，蒸出“生粳糕”。

生粳糕的制作工序较多：首先要将三丫苦洗干净，与浸泡过的糯米一起打成粉，或将三丫苦捶成浆液，将其放在糯米粉中。然后将其晒干，用筛子筛过，留下细生粳粉。将生粳粉就糖水搅拌成浆，蒸熟，即为生粳糕。生粳糕比较苦，那洲村民一般用蜂蜜、砂糖或蘸碱粽子的糖料蘸着吃。生粳糕的苦和蘸料的甜，形成了一种味蕾的刺激，给人苦尽甘来的感觉。

银糕

白糖崧糕

糖圆羹

· 银糕

银糕是冬至的美食，用黏米粉和虾米、猪肉一起做成。做银糕的关键是开粉，猪肉要肥美。银糕传统的做法是：将黏米粉倒入盆中，用刚煮沸的开水烫一半粉，趁热将其揉成面团；将凉开水倒入剩余的粉面里，将熟粉与其余粉揉搓成团，再加入适量的盐并反复加水，均匀揉搓，直至粉团成浆。将事先准备好的炊盘涂上一层花生油，再将米浆倒入炊盘中，堆积大约两厘米厚。猪肉、虾米、葱花要事先炒熟，炒至金黄酥脆时捞出。再将炒熟的猪肉、虾米、葱花等撒于粉浆上，上沸水炊蒸30分钟，30分钟后银糕便可以出锅了。出锅时，肥美的虾米与猪肉，中和软滑的米粉，馅香粉韧，滋味鲜美，唇齿留香，让人回味无穷。银糕寓意借“银”字和“糕”字，蕴含着金银满屋、步步高升的美好希冀。银糕是旧时乡人喜爱的食品，除日常、节庆制作之外，还会作祝贺长辈生日、亲友婚嫁等喜庆时赠送的礼物。

· 咸水角

咸水角是流行于广东、香港、澳门地区的一种特色小吃，用糯米粉做成，内馅有猪肉碎、韭菜、虾米、冬菇、沙葛等。在制作的时候，需要将沸腾的热水冲入澄面，将糯米粉置于盘中，加入糖、猪油、冷水搅匀，再与澄面混合，分出多份粉团，分别加入咸鲜味十足的馅料包好，放入热油中炸至金黄色即可。这道小吃外皮由广东人喜欢的糯米做成，内馅的原料全部取材于当地，其中既有海味的营养，也有家畜、家禽的油香，更有蔬菜、菌类的调和用来解腻，营养丰富，口感极佳，香而不腻。外形也小巧可爱，美感十足，特别适合当作小吃在茶余饭后或者与家人朋友聚餐闲聊时享用。

· 崧糕

崧糕分为白糖松糕和红糖松糕两种，白糖松糕的颜色洁白，红糖崧糕的颜色则是呈淡黄色。崧糕形状小巧，口感软绵有弹性，味道香甜可口。崧糕的制作方法是在黏米粉中加入发酵粉一起搅和，再放入容器里静置等待发酵，发酵好后往里加入糖，再加入适量的碱水和发酵粉调和在一起细磨加以搅拌均匀。崧糕在蒸煮的过程中还需要在笼内铺一层湿布，在湿布上倒上粉浆，这些过程一一完成后，用大火蒸煮，即可制成美味的崧糕。崧糕外形似普通的蛋糕，口感却十分松软，在广东人早餐的餐桌上经常可见，老少皆宜。

崧糕有着悠久的历史，是旧时人们清明祭祖的必备食物之一，这其中还蕴含了人们对于祖先的敬意和缅怀之情，同时也蕴含着希望先祖保佑子孙后代繁荣健康昌盛的美好寓意。

· 蛋散

蛋散制作较为简单，将面粉和鸡蛋两种材料混以猪油和筋粉做成条状，炸至色泽金黄即可。按照每个人的口感不同，可以加盐做成咸鲜味，也可蘸麦芽糖做成甜味。这种食品吃起来口感香脆，有蛋香味和油香味，受到大家的喜爱和欢迎，是广东人年夜饭的餐桌上不能缺少的一道餐后小吃。关于蛋散，还有一个有趣的传说。据说在从前，富人过年时都会用花生和芝麻做成油角当作甜品，而穷人因为没有钱购买原料，只好将鸡蛋混以面粉下锅油炸，却得到了意料之外的美味食品。这种食品因制作方便、口感香脆，一出现就受到了大家的喜欢，进而远近闻名，成为广东饮食文化的一部分。后来，人们将这种小吃命名为“蛋散”，又将芝麻、牛奶等加入其中，改良成为现在的样子。

· 咸汤圆

那洲村民在冬至等重要的节日里食用汤圆。汤圆以咸汤圆为主，不同于常见的花生芝麻馅甜汤圆。咸汤圆的制作方法是先在糯米粉中加入水和成团状，再捏成均匀的小球形状，放入由猪肉、虾米、葱花煮成的咸汤料内煮，待汤圆浮起，即可捞出食用。咸汤圆煮好后香味四溢，鲜香可口，糯米的绵软混以猪肉的咸香，别有一番独特的风味，是旧时那洲村人喜爱的家常食品。

· 糖圆羹

糖圆羹又称甜汤圆，是一种甜味无馅的汤圆，为那洲村元宵节时或男子成婚前夜的必备食品。成年男子结婚前一晚，一定要喝一碗由父母亲自煮的糖圆羹，糖圆羹承载了男方父母对儿子婚后生活甜甜蜜蜜的希望。糖圆羹由糯米粉加上清水揉搓成小球，放入准备好的一锅热糖水内煮，待汤圆漂浮水面即可捞出食用。这种无馅的甜汤圆极为香甜，口感软糯，很有特色。

芋糕

叶仔

九层糕

• 芋糕

芋糕又称“芋头糕”，是那洲村民中秋节的传统食品。在旧时唐家湾镇有首民歌唱道：“八月十五到中秋，有人欢喜有人愁。人地（人家）阿爹有钱买月饼，我地（我们）阿爹冇钱（没有钱）揸粉做芋头糕。”此民歌说明在当时的唐家湾镇，芋头糕是平常百姓家在中秋佳节的传统食品。

芋头糕的做法是先将刨皮的芋头切成细条的芋头丝，用开水泡过滤干，然后加入米浆，以盐调味，用白纱布垫在竹制炊笼上，将芋头丝和米浆倒进炊笼，米浆的高度控制在两厘米左右，然后撒上炒熟的猪肉和虾米、葱花、榄角，接着把炊笼放进锅中蒸半个小时，即熟。

猪肉、虾米，加上葱花、榄角和芋头丝，与软滑的米粉融合，香醇鲜美。如今，做芋头糕的食材会有所不同，比如除了撒上猪肉、虾米等食材外，也会撒上一些花生碎。

• 叶仔

叶仔是那洲人逢年过节都会食用的一种茶果，是一种裹在筒状叶里的有馅的糯米粉团。制作方法是糯米粉加入热水和成面团，擀皮，包入馅料，裹入洗净裁好的芭蕉叶里，再放入笼里蒸熟。叶仔一般有花生咸馅、豆沙甜馅、椰丝甜馅等几种馅。当不同口味的叶仔被放在同一蒸笼蒸时，甜味的叶仔顶端会被村民涂上红点作印记。叶仔软绵可口，甜咸风味各异，极具地方特点。

· 九层糕

九层糕是以前当地人在春节和重阳节家家户户都会制作的糕点。做法是先将黏米粉用滚烫的红糖水开浆、搅匀，稍冷后用手揉成粉团，之后反复加红糖水，均匀揉搓，直至粉团成浆。做好的粉浆需要静置一两个小时。然后将米浆倒入“炊布”垫底的蒸笼蒸熟，这个“炊布”就是当地的香蕉叶或玉米叶等。蒸糕时，先放一层在锅里隔水蒸熟，再浇一层浆于糕面继续蒸，如此层层加浆炮制，直至加到五层或九层，最上面的一层会撒上芝麻。一层一层晶莹剔透的糕点叠在一起散发出阵阵米香。九层糕一般做到九层。如果太厚的话口感也不好。蒸的时间也很讲究，九层加起来蒸一个小时。是一层熟了再铺上一层去蒸，这样一来最下层就蒸了九次。

萝兜粽

栾樨饼

五指楂

· 萝兜粽

芦兜粽，又称“萝兜粽”，在那洲村一带称“那兜粽”，是旧时香山地区一带的特产。萝兜粽，顾名思义，就是用萝兜叶包起来的粽子。萝兜叶带有独特的植物清香，又具有祛湿消滞、祛风散瘀的药用功效，在那洲一带十分常见，新鲜的萝兜叶的边上有刺，在制作粽子前，先将萝兜叶在筲箕底上反复摩擦，直至去除叶子边上的刺，这道工序称为除刺。也有人用刀削去叶子边上的刺。去刺之后，再用开水煮萝兜叶，然后将其捞起压平晾晒几天，这两道工序分别称为烫青和晾晒。待包萝兜粽的时候，将萝兜叶放置水中泡软，同时准备好糯米、红豆、五花肉和咸蛋黄等食材以及用于捆扎粽子的水草。糯米和红豆须提前泡好，五花肉要焯水，调好味。将泡软的萝兜叶捞起，晾干，绕成圆筒状。将糯米、红豆、咸蛋黄和五花肉填进圆筒中。填满后再用叶子封口，并用水草捆扎。将包好的萝兜粽放进瓦缸中加水盖盖，用中小火慢煨8小时，此时各种食材的香味得到充分的融合，粽子香气四溢。

南方的粽子一般用箬叶，那洲村用萝兜叶裹粽子。萝兜叶的植物清香融入粽子，别有风味，萝兜粽日久成为那洲的土特产。粽子馅除了糯米和五花肉，还有花生、红豆、绿豆，有的会加上鲍鱼、瑶柱等食材。包好的萝兜粽可作为礼品送给亲戚朋友。

• 栾樨饼

农历四月初八，乡人多做栾樨饼。栾樨是当地一种中草药，乡人将其叶汁混和黏米粉，搓粉，做成粉皮再用粉皮包上豆沙馅，用板模打压成圆块状再蒸熟。

• 五指揸

将炒熟的虾米、猪肉和花生碎粒用盐、麻油等拌匀作馅；把黏米粉用开水拌匀，搓成绵软的粉团，捏一小团粉放在涂上生油的掌心上，再用另一手掌压成圆薄片，继将馅放在面上，用五指包起来，捏成椭圆、两头略尖的形状，故谓“五指揸”。然后将之放在锅里蒸熟便可。出笼时，晶莹碧透，味美，口感好。这款点心，把家庭的饭菜揉为一体，既可尝到可口的菜，又能吃到香甜米粉，两全其美。

• 金钱饼

把黏米粉用开水拌匀，搓成绵软的粉团，捏成小团搓成小圆饼状，上笼蒸熟即可。金钱饼味道一般，主要是唐家湾地区村人表示金银满屋的一种愿望，多用于拜神祭祖。

• 九利

乡人又称为“狗脷仔”。做法：把黏米粉用开水拌匀，搓成绵软的粉团，捏一小团搓成约筷子尖粗细、手指长、两头搓尖的长条，上笼蒸熟即可。九利茶果味道一般，主要是唐家湾地区村人表示大吉大利的一种愿望，亦暗寓旧时乡人祈求添男丁的愿望。

碱水粽

糖咬米

磨芋圆

• 醂粽

醂粽又称碱水粽，做法是将糯米淘洗干净，浸泡30分钟，取出冲水一次，沥干后拌入碱水（用花生藤燃烧后的灰用水过滤出的汁），把糯米放入箬叶（鲜箬叶剪蒂，用开水煮10分钟后沥去水，用小绳捆成小把，放入清水中浸泡4~5小时，待杂味漂尽后，取出洗净）中，包成四角形，用席草扎紧。在粽子中间要包入一条苏木（有解毒功效）。锅内加清水和粽子，用旺火煮4~5个小时，熟透捞出，剥去箬叶，放入盘中，拌糖即可。改革开放后，较流行称之为“碱水粽”。其特点是：色泽橙黄，晶莹透亮，入口软糯，味甜而具有箬叶的清香。

• 糖咬米

将红糖加姜汁熬成糖浆，趁热加入经爆炒的黏米和花生仁，铺平拍实，用刀切成棱块状。特点是香甜脆口。旧时乡人常在家中有新生儿出生时制作此食品，给产妇与前来道贺的亲朋食用。

• 百子糕

把加入片糖水后的糯米粉团搓成长条状，用手揪成小团排列在垫好蕉叶的蒸笼上蒸熟，然后撒上白芝麻即可。吃时用剪刀剪出而食，其口感软糯。百子糕寓意“多子多福”，一般用在弥月、百日和生辰。

• 煎肉

煎肉分咸、甜两种。咸煎肉是用糯米粉加盐水和匀，揪成小团并将其压成圆饼状，包入炒过的虾米、猪肉粒和葱花煎熟；甜煎肉是用糯米粉加清水和匀，揪成小团并将其压成圆饼状，包入白糖或片糖粉成半月状煎熟。此为旧时那洲人家常食品。

• 濑镬边

濑镬边又称茶果汤，有几百年历史。其制作方法：将黏米粉用凉水开浆，搅拌时慢慢下水，由稠到稀。然后烧锅，下油、盐、咸虾酱、鲜白虾肉、香芋粒（或香芋丝）起锅，放上汤煮，待汤煮沸后，边煮边用勺舀米浆，沿锅边慢慢浇濑，制作成一层细腻的薄面。当烧成金黄色之后，再用锅铲将其切成细条状，铲落锅中间浸汤，故称为“濑镬边”。其特点是味鲜浓郁，软嫩清口，粉韧兼爽滑，别有风味。此为旧时那洲人家常食品。

• 磨芋圆

用红芋磨成芋头浆，再加少许黏米粉调成糊状，用手攥芋糜，从虎口处挤出成圆形颗粒，放入用白虾、猪肉粒等做成的汤底中煮熟，即可捞出食用。做磨芋圆动作要干净利落，芋丸的形状要圆。其特点是：味鲜浓郁，软嫩清口。此为旧时那洲人家常食品。

那洲濑粉

泥煨鸡

咸虾酱

• 那洲濑粉

那洲濑粉闻名珠海，是周边村镇人们最为喜爱的家乡美食之一。每年的七月十四和冬至，那洲家家户户都会制作濑粉。旧时那洲人认为濑粉是送给亲戚最好的礼物。

那洲濑粉的传统做法是：用上好的黏米粉和些许冷饭捧在一起，加冷饭的原因是让濑粉变得更有韧性，然后加水开浆，边搅拌边添水，使黏米粉团由稠变稀。将米浆濑在锅里，待它成粉条后捞出来，放入肉汤，濑粉即可完成。

那洲濑粉以软滑韧性为其特点，但要做到这一点，不仅需要上乘的材料，而且要在全手工精细制作中把握好时间和温度。

那洲濑粉最具特色的当数那洲鸡汤濑粉。那洲鸡汤濑粉的具体做法为：先用热水把濑粉表面的淀粉质洗掉；将鸡肉和姜切块，把锅烧热，直接把鸡肉放进锅里，炒干水分盛出；姜块放入油锅中炸出姜味，放入鸡肉炒出香味，再倒入较多的米酒加盖焗1分钟；接着倒入开水，水大约浸没鸡肉，煮开后撇去浮沫，加盖中火大约煮25分钟，调味略咸点；碗里放入濑粉，青菜，最后加入鸡汤。那洲鸡汤濑粉，濑粉润滑爽口，汤汁浓郁，十分鲜甜美味。

• 泥煨鸡

泥煨鸡菜式，风味独特，脍炙人口，是当地流行的名菜。它是从北方叫花子炮制的乞儿鸡和煨番薯的土方法变化过来的。其制作方法是：将一只鸡洗净内腔，吊干水，然后将香叶、桂皮、茴香等药材粉末和五香粉、精盐、糖等配料混合涂抹在鸡的内外，再将葱段、八角、姜片塞进鸡腔内，用荷叶、锡纸双层包裹；另以泥块叠成窑灶，火烧炉膛，待泥块烧到通红时，耙出部分火炭，将热泥夹出捣碎，将鸡排列炉膛内，顺次铲热泥、火炭和冷泥覆盖煨之。20分钟后，扒开灶泥，掏出包鸡，剥开包纸，鸡身呈金黄色，撕肉放碟。特点是皮爽肉香、入骨入味。

• 咸虾酱

咸虾酱，又称银虾酱，是唐家湾地区的特产之一，已有近两百年历史，它与叠石蚝油并驾齐名，驰誉粤港澳。据史料记载："虾酱以香山所造为最美（这里的香山实指唐家湾产区）"。咸虾酱的制作方法：将银虾仔（一种仅1厘米多长、通体透壳的虾）按每一斤净虾配粗盐二至三钱混合，倒进砂盆里，用手或工具把银虾仔搓、磨成酱泥，再加少许盐粒搅拌，用盖子盖好。隔一夜后，把虾酱放在太阳下晒数天（晒时还要经常搅拌），然后装入瓦坛里封盖，腌一段时间，就成美味的咸虾酱。其特点是柔滑甘香，别具风味，用作爆炒蕹菜（通心菜）、蒸猪五花腩肉等特别好吃，是过去农村一道很普通但又很美味可口的家常菜。

第二节　当地饮食禁忌

那洲村的饮食属于粤菜体系，选材广泛，用料新鲜，但也存在一定的饮食禁忌，不仅体现在吃食上，也体现在餐桌上的饮食礼仪中。

一、吃鱼的禁忌

那洲村是近海的村落，同时有着众多溪流流经，水产品丰富，因此大多数村民都喜欢吃鱼。在平常的饮食中，几乎是餐餐都有鱼，那洲村村民对吃鱼时如何下箸极为讲究。无论在何场合，都必须由辈分高的人先动第一箸后，其他人方可下箸开始吃，而且一条鱼的吃法是先从鱼腩（即鱼肚）开始吃，然后再吃鱼头、鱼尾。吃完盘中上面半边鱼后，是不可以把鱼整条翻过来的。因为翻鱼就意味着“翻船”，这对出海打鱼的渔家是极不吉利的，所以他们吃鱼一般都是吃完上面半边鱼后，挑出整副鱼骨，再吃下面的半边鱼。

大年三十晚上，吃团圆饭时是一定要有鱼的，寓意年年有余。那洲村流传的习俗是：团圆饭吃完后，要剩下鱼头鱼尾，俗称“压年”，寓意好的兆头到来年，新年好头好尾，如意吉祥。

二、餐桌的礼仪禁忌

餐桌上忌用筷子敲碗盆，尤其是有客人来家里吃饭时，更加不可以用筷子胡乱敲打碗盆，这是对客人的极度不尊重。一种常见的说法是，用筷子敲打碗盆是乞丐讨食时的行为，这不合待客之道，有轻慢侮辱客人之意。

吃饭时停筷，筷子不可以直插在饭面上。插筷就像祭祀时上香，这不仅是对同桌吃饭的不尊重，也如村里老人所说，是对神明的亵渎。

三、祭品禁忌

中国人对先人鬼神都充满着敬畏之情，祭祀之礼是不可少的，祭祀的祭品也是不可或缺的，那洲村偏于一隅，这方面的习俗有着自己的特色，对祭祀时的饮食也有禁忌。

在祭祀中，祭品一般都要求“全”，即有头有尾，带皮带鳞，以体现出对先祖、神灵的全心全意，所以祭祀时不用鳗鱼、鳝鱼等无鳞鱼类作为祭品，也不会在祭祀当天食用这类食物。野果和非国产的水果也不能在祭祀时作为祭品，如释迦、番茄、番石榴等。在祭祀时不用牛肉、狗肉作为祭品，传说牛肉不能作为祭品是因为牛头马面押送魂魄，用牛肉祭祖会触犯鬼神；而狗肉是热毒的食品，先人已归阴间，以狗肉祭祀不利先人。虾、蟹也不能用于祭祀，因为虾、蟹乃四海龙宫的虾兵蟹将，以此祭祀先人，会触怒龙王，导致来年不能风调雨顺；同理祭祀也不用海鱼，而用土鲮鱼或鳙鱼。这类祭祀的禁忌饮食，多是由人们对自然心存敬畏，故而在祭祀时有所寄托。

第三节　节令的特殊饮食

在中华人民共和国成立以前，唐家湾地区民间拜庙活动普遍而多样，那洲村建有庙宇、土地坛，如文武庙、洪圣庙、天后庙、乡主庙、观音庙、圣堂庙、那洲东庙等，三途六道，香烟处处飘。中华人民共和国成立后，人民政府提倡破除迷信，移风易俗，民间拜庙活动大大减少。20世纪80年代后，一些农村传统习俗逐渐恢复，节令活动丰富起来，节日的饮食特色也体现了出来。

除夕夜，那洲村的家家户户在前一天便已蒸好年糕（俗称“大龙糕”），制作好茶果。在除夕当夜煎好两尾土鲮鱼或鳙鱼，装进盒箩，这叫作“压岁”，寓意年年有余。

大年正月初一，早餐是不能见荤的，多以素茶果为食，午餐就是吃“豆捞”，寓意一年都有得“捞”（赚大钱的意思）。

农历正月初二，俗称“开年”。村民都会以发菜、蚝豉、生菜、鲤鱼等制作菜肴，取这些菜肴的谐音以祝愿在新的一年里“发财”“好事”“生财”“有余”。“开年”是新一年的开始，所吃菜肴喻示新的一年里和睦美满、好事连连。

农历七月初七为“乞巧节”，俗称“七夕节”，这一天，在那洲村里，家家户户都会制作浸冬瓜水。在七月初七拂晓之前，摘取一个新鲜成熟的大冬瓜，清洗干净后，切块（或整瓜）装进缸，取井水注入缸里，盖上盖子并用黄泥密封缸口，贮于凉室或埋于地下，放一到两年后，再开启封盖，缸内的冬瓜已被浸泡成金黄色的清凉的冬瓜水。冬瓜水具有清热解毒、滋阴润肺的功用，为当地家家户户常用的保健良药。

农历九月初九为重阳节，也称为“重九”。那洲村民在重阳节里，有佩戴茱萸、吃糕饼、饮菊花酒、登高、扫墓的习俗。那洲村民在重阳节这天所食用的糕饼是用米粉制作的九层糕，上面会做两只小羊，意为重阳重九。随着时代的发展，重阳节也衍生出敬老的习俗，九层糕的“糕”与“高”同音，又有“步步高升”“寿高九九”之意。从2009年起，那洲社区举办“老人节”宴席，村中60岁以上的老人，包括海外侨民与港澳同胞等都被邀请参加集体聚宴，互相交流，念乡思旧。

第四节　人生礼俗

人生礼俗是指人生各个重要的年龄阶段所举办的仪式、礼节以及由此而形成的习俗。一个人从出生一直到死亡，在这个漫长的过程中，需要经历很多重要的阶段，而每个阶段的来临，人们都会用相应的礼仪来进行庆祝和纪念。那洲村的人生礼俗主要有七类，分别为婚俗、丧俗、满月、上契、开灯、过继、诞辰，是那洲村重要的民间习俗，颇具岭南特色，其中婚俗和丧俗的仪式较为隆重，其次为诞辰和满月，最后为上契、过继、开灯。随着时代的发展，那洲村的礼俗逐渐简化。

一、婚俗

婚姻乃人生大事。那洲村的传统婚俗遵照“三书六礼”，仪式礼节繁缛，各环节均需十分讲究。不过由于现代生活节奏快，人们因繁就简，一切讲求便利，传统的婚俗保留了一部分，形式上发生了较大的变化。

现代的婚姻生活以自由恋爱为前提，亦不缺乏相亲的环节。当双方感情稳定，正式拜见过家长决定结婚之后，就会开始筹备婚礼。

筹备婚礼需请一位熟谙婚俗礼节的人士，当地人称“大妗姐”。大妗姐俗称“好命婆”，只有婚姻幸福、家庭完整、有子又有孙的女人才有资格担当此任，因为人们相信她可以将好运及福气传递给一对新人。以前的大妗姐是一个在婚礼时说好话、奉茶的角色，现在的大妗姐等于是一个婚礼策划人的角色，通常负责传统婚嫁习俗和结婚日的流程安排以及协调亲家好友之间的不同意见等，目的就是要确保婚礼顺利进行。传统婚礼基本遵循六礼中的问名（夹年生）、纳征（过大礼）、请期（择日）、亲迎（过门）这四礼。其余的纳采和纳吉两礼则在现代生活中淡化了很多。

· 夹年生

如果男方家里的长辈比较保守传统，会拿着新人双方的生辰八字请“日子先生”掐算，当地称之为“夹年生”。若双方的生辰八字不合或相冲相克，按传统习俗来说这门婚事理应是要告吹的，但在现代婚姻中生辰八字这个因素显得没那么重要。若长辈因此而棒打鸳鸯，会被人讥笑封建迷信顽固不化，所以八字不合一般会采取权宜之法，例如让女方认干亲。

“夹年生”的同时会顺便请先生算订过大礼和婚礼的良辰吉时，写在红纸上，之后的仪式会按照这些日期来进行，这个叫“择日”。结婚讲究天时地利人和，择选结婚的良辰吉日是结婚前最重要的一步，人们都希望选到一个良辰吉日结婚。在其他地方，婚期是由两家的父母一起决定的，但是在那洲村，婚期是由男方单独决定的。“择日”定了日期后，等到提亲的当天，男方会告诉女方结婚的日期。那洲村结婚的月份比较讲究，人们会根据每个月的节日选择结婚月份，如适宜结婚的月份有二月、四月、八月、十月、十一月和十二月，人们认为这些是吉利的月份，因而多数婚礼会在这几个月份举行，尤其四月、十月居多；有些月份与喜事相冲突，因此极少被选为结婚日期，如三月、六月、七月和九月，六月还会有极少部分的人结婚，但三月几乎没人结婚。人们十分注意喜事是否与不好的事情相冲，若有则会尽量避免。

· 过大礼

日期定好之后，接着“纳征”下聘礼，当地称“过大礼”。过大礼中的礼品一般都是以双数为主，取好事成双的意头。新人双方的家庭坐在一起商谈，协商最重要的事项是礼金、礼饼和酒席。礼金是给新娘家办嫁妆的，这个数额根据男方家庭的经济实力来定，一般为几万到十几万元不等。酒席也是依据经济实力来定。过大礼除了这些之外，还有一些具有象征意义的物品，如：一对椰子、一对公母鸡、猪肉、鲤鱼、海味、茶叶和酒之类寓意吉祥的实物，必须为双数，还有礼金盒和一只烤乳猪，满满当当非常喜庆。女方收到礼之后，必须回礼。礼品亦是寓意吉祥的物品，如龙凤被、子孙桶（即痰盂）等表示“开枝散叶、百子千孙”之类的好兆头，这些都由大妗姐负责安排。

· 上头礼

过大礼之后，就是迎亲环节了。这是整个婚事中最隆重亦是最热闹的仪式环节。在婚礼的前一晚或婚礼当天的凌晨，新人在各自家中，沐浴换上全新的内衣裤及外衣后，于吉时由专人为新人梳头。新娘一般是由子孙齐全的伯母亦称“好命婆”负责梳头，由女方妈妈梳头也可以。新郎则是由伯父负责梳头。仪式很简单，长辈拿着梳子象征性梳三下，一边梳一边念：“一梳头梳到尾，二梳白发齐眉，三梳儿孙满地。”梳过头，长辈会在新娘的头发上系红缨，代表结发的意思。新娘经过梳头仪式，表明女方可以离开父母进入新的家庭生活；新郎经过梳头之后，表明男子已经独立成人，可以承担成人的责任与义务。在过去，新娘还要进行“开面”，即用一根棉线将脸上的细绒毛绞拔干净再扑上妆粉。究其内容，上头礼实质是成人礼仪式，因中国古代的冠礼与笈礼已经消失殆尽，民间婚礼作为象征新人社会身份转变的重要仪式，只能承担起这一部分礼仪功能了。上头礼完成之后，新人还要吃糖圆羹或者莲子百合之类的糖水，寓意生活甜甜蜜蜜。

在男方家里，新房还要进行安床习俗。由一位儿孙满堂的女士将龙凤被、鸳鸯枕头等拿出来铺新床，并摆上各式喜果、红绿豆及利是（即红包）等。安床之后不能再让别人坐到床上，直到新人结婚当晚为止。

• 过门

新郎带着伴郎及兄弟团前往新娘家迎亲。按照惯例，新郎会受到姐妹团的万般刁难和阻扰，直到新郎奉上令人满意的开门利是（一般是几百元至千元不等），姐妹团才会让新郎和兄弟团进门。进门之后他们还需要吃姐妹团准备的特别食物，还要完成姐妹团提出的考验，才可以见到新娘。新郎与新娘一起到神龛前敬拜祖先神灵，之后跪着向女方父母及其他长辈敬茶，此茶名为“离别茶”。父母及长辈们喝了茶后要给新人红包，并为新娘戴上赠送的金饰（通常为龙凤镯或金项链），表示对新人们婚姻的承认。值得一提的是，在过门的仪式中，新娘的礼服通常是传统的大红龙凤裙褂，喜庆的裙褂上以金线绣着龙凤，寓意“龙凤呈祥”，在粤语里谐音为“龙凤情长”，一语双关。此外还有五只蝙蝠的图案，寓意“五福临门”，牡丹花、鸳鸯等图案则寓意吉祥、百年好合。

二、丧俗

丧葬习俗源远流长，是传统文化的重要组成部分，自古就有“礼莫重于丧”的说法。当有亲人逝世时，无疑是一件令人悲痛的事情。丧礼的功能一来可以超度逝者，让其安心离开这个人世；二来可以帮助家人缅怀逝者，平复心情。

在唐宋时期，唐家湾地区大多盛行二次葬，即人死后将尸体先行土葬，数年后待皮肉腐烂后，再将骨骸火化，将骨灰盛入一个陶瓮中，另择风水宝地安葬。至明朝后，盛行将二次葬改为木棺装尸土葬，若干年后再收骸骨盛入陶塔（俗称“金塔”）安葬。

那洲村的丧礼过程可分为四个阶段：超度、出殡、下葬和回阳。在以前也曾有过送丧礼请柬也就是俗称的讣告，和招魂等步骤，但均在很早的年间就已经被取消，此处不做赘述。

当亲人去世后，会先确认往者过世，然后要联系逝者的直系亲属及生前重要的朋友，告知相关信息。当相关的人全部到场，并确切见过逝者后，才可以开始后面丧俗的活动。一般在亡者刚刚去世后不会立即举行仪式，以前的人们认为，亡者还会有复活的可能，所以一般是等到三日后再正式举行葬礼，但还有一种原因是举办葬礼需要准备许多的物品，需要一定的时间来准备。

出殡前，逝者的子孙会先到附近的河里取来清水，为逝者擦洗脸庞、眼睛，并换好寿衣。然后为逝者上香，烧纸钱，同时还要烧纸扎的物品，如车、房、纸人、马等。死者亲戚会前来吊唁，丧家的主要成员要穿孝服、手持孝棍，一起出门外下跪相迎亲朋好友，待亲戚向丧家的主要成员的背部按一下之后，丧家主要成员才可起身，以此表示同情并劝慰其节哀。但现在这一系列的动作都被简化，在有些家庭中已经消失。

在那洲村，村民一般会去中山三乡镇请专门的道士来村里做法，对死者进行超度。

随着我国实施殡葬改革，那洲村在20世纪90年代时就已经基本取消了土葬，绝大部分村民都会采取火葬的方式，最后在北山的仙人阁供奉上灵台。火葬的时间需要视儿女和近亲的情况而定，如若儿女远在他乡，需等待其回乡见逝者最后一面。上坟时村中有一定的风俗，孕妇只可跪拜不可上香，否则可能会对腹中胎儿产生影响。在安葬位置的选择上也有讲究，例如风水朝向等。人们认为墓葬吉地通常是群山环抱、流水环绕、主流支流交汇处的平地及阶地。那洲村村民也很注重这一点，希望先人都能在吉利舒适的地方生活着。

逝者逝去，民间有说逝者的灵魂会在第七日回阳，又称为“头七”。“头七”是一种属于佛教的丧事习俗，那洲村的村民会请专业的人员为逝者算回阳的时间，而逝者的子孙要出门迎接并备好碗筷，与“头七”相同的是准备好饭菜后，要回避，比如睡觉就是大部分家庭的选择，因为怕撞上回来吃饭的逝者，让他对阳界的人或物产生留恋的情绪，从而对他们入轮回、转世投胎造成不好的影响。现在为了避免触景生情，很少有放碗筷的行为。在回阳那一天，家里要摆茶果等物品，要在家里摆够十样菜，逝者会在晚上回阳并在晚上离去。其实那洲村的村民请人计算的回阳日期一般就是七天，极少数为六天的深夜，或第八天的凌晨，有相关的人员解释说，在佛教中，人刚死会处在一个不太稳定的阶段，极其容易受到阳世的冤情、债务、亲情等的影响，同时会倾向去自己熟悉的地方，所以才会做“头七”法事，来消除逝者对阳间的留恋，安心投胎。

有时候同村里的亲戚，丧事与喜事难免会相撞。因此就会出现家中有丧事的家庭，在丧礼或者在其后的几个月内，与亲戚朋友来往减少的情况，带丧亲属也极少串门或者到别人家去，若丧事家庭被邀请了，可以主动告诉对方自己家中有丧事，拒绝对方的邀请，这也是为了避免将不祥之运带给对方。

出殡以后，先人的牌位一般是放在家族祠堂中，供后人逢节祭奠与祭拜。墓葬的地点与下葬的时间都是经过精心的计算和挑选的。从山北水南为阴作出发点，进行一系列的扩展，再根据墓葬所面对的山的山峰、山谷、水的流向，一般会选择“前有照，后有靠”的地方，也就是前面有水流穿过，背后有座山依靠，枕山面水，从而达到山水的交媾，去相对应阴阳的交合。还要与天上的星宿位置进行呼应，墓地在一天之内所能受到光照的时间也是需要去计算的，一般能从早上一直到下午一点都能受到光照的就被称为吉相，如果在正午之前墓地不能接受到光照，就要考虑迁移了。墓地的入口也一般要朝南、东南或者东南偏南为优先，皆为吉相。对于墓地的选择，那洲村村民是十分注重这一点的，因为人们认为墓地的选择往往会影响子孙后代的发展延绵。已经过世的人代表阴，活在阳世的人代表阳，过世之人与阳间亲人的牵绊就正对应着阴阳的牵绊，地下所流动的阴气能慢慢去养育地面上的万物，所以好的墓地是可以去平衡阴阳的生气从而保护那些在阳世的亲人。出殡时，参加丧葬的人员中，与逝者五行相克或八字不合的人不能参加。在下葬后，还需要绕着墓地行走三圈，回家时不能回头，以免逝者会错意，跟随着上来。同时，那洲村禁止在农历七月份出殡，出殡的日期也要避免双数日子，凡丧事皆行单数。在守孝方面，旧时家中的长辈去世，子女们一般要守孝持续三年，在这三个年头里不能参加或举办喜庆的事情。如果家中过世的是直系亲属，第一年的春节是不能贴红色对联的。守灵时孕妇、产妇以及流产的人均不能进入灵堂。

三、满月

当那洲村村民的家里有婴儿出生时，家里要摆酒席宴请亲戚及村民，酒席需有鸡蛋、猪蹄、米酒和盆猪肉等，这些食物要配备齐全且丰富，为新生儿取个好兆头。亲戚村民来参加宴席并送上祝福，值得注意的是外公外婆在这一礼俗中有重要作用，外公外婆要送给婴儿衣服、被子、茶果等，祝愿孩子能够健康幸福成长。

满月之际，家中需要准备油饭和麻油鸡酒祭拜神佛祖先，有的亲友会赠送婴儿用品，产妇家庭要以油饭、红蛋作为回礼。鸡腿和红鸡蛋是生殖的象征，鸡蛋除了象征完美之外，还象征着子孙繁衍、生生不息。娘家人还需要准备许多婴儿的衣物来“送头尾”，包括婴儿从头到脚所需要的衣物、饰品，例如帽子、衣服、鞋子、袜子、包巾、尿布、棉被、褙带等，特别是要准备金锁片、银锁片和长命锁为新出生的小孩子所佩挂，寓意希望新生儿将来能够辟除关煞、长命百岁。父母须带着初生婴儿到公共祠堂或者家族祠堂祭拜，意在告诉先辈，家中有新的成员加入，人丁旺盛。此后，父母回到家中宴请前来祝贺的亲戚朋友及邻里。

四、上契

上契，俗称“结契家”，认契爹契娘就是认义父义母、干爹干娘，属“六亲”之一。契父母的情意比亲生父母略次一畴。与过继、收养这些需要继承财产家业和履行赡养义务不同，上契属于双方友谊性认同。

儿童上契一般会有多种原因：

一是夜晚无端哭闹、不爱吃饭、难带的小孩，父母会给他寻找合适的家庭，将孩子契给别人，希望孩子能够变得乖顺一些，顺利长大成人。

二是村里偶有数代单传的人家在生了儿子后，会契给儿女成群的家庭。因为是来之不易的孩子，父母也很珍惜看重这个儿子，希望孩子进入到这样的家庭能够增添福气，好好地长大，成人后事业有成，娶妻后开枝散叶，延续家族烟火。

三是村中有些家庭因儿女体弱多病，或是在大病之后，认为这些病痛源于鬼邪侵扰，将孩子契予神佛，以求神灵庇护，身体健康。但是，也有把健康的小孩与神灵上契，当作是护身符的作用。在村中，有不少人会选择与观音上契。在那洲村，村民名字中带有“观”字的人常常就是与观音有上契关系的。他们往往在小时候被父母带着去庙里与观音上契，以求观音菩萨能够保佑其平安健康。

另有一种很特别的上契，就是认“清粪妇人”（俗称“倒屎婆”）为契母。这些妇女的工作非常脏乱艰巨，特别是妇女专用的粪桶，被视为“混元金斗”，能够避开邪气鬼怪，因此清粪妇人的形象也被增添了几分煞气。过去，村民出于对孩子被邪魔侵扰而会夭折的担忧，所以选择一名有煞气的清粪妇人为契母，让她作为孩子的保护神，从而使孩子能够健康地长大。因此，那洲村的“倒屎婆”常常有多名干儿子干女儿。

还有一种上契是与八字命格有关。村民会去找风水师算一算，自己或其子女的八字命格是否克子女、克父母。因为害怕绝后，父母便带着孩子去上契，希望在上契后平衡命局，助旺运势。村民选择上契的家庭时，对方必须是完整的家庭，就是要有父有母还有孩子，有些甚至还会找儿女较多的人家，这样的家庭被视作能为孩子带来福气，能够更好地保护孩子。

由于上契是重要的事情，所以事前需择好吉日。那洲村上契有一种特殊环节，叫作“三牲酒礼”，其中包括鸡、猪肉和腐竹。上契当天，上契者家庭需要拿着三牲酒礼过去。父母为孩子穿戴整齐后带孩子前往契父、契母家中，吉时一到就点香烛，向神明祷告，请契父、契母上座，由孩子向契父、契母行跪叩礼、奉茶。婴儿则由母亲抱着向契父、契母鞠躬。然后契父、契母会给契子或契女利是（红包），用新碗筷、新汤匙请契子或契女吃饭，象征对契子女有养育的责任。有些契父母会送金碗筷、金汤匙给契子女，以示隆重。以后每逢契父母做寿，契子女应前往祝贺；契子女婚嫁生育，契父母也要备礼祝贺。整个过程没有过多隆重的宴席，双方家庭聚在一起吃一顿饭，上契也就算完成了。上契之后，双方家庭就像家人一样相处。

上契家庭的选择不仅局限于自己村，也可以到外村寻找。过程不需要中介人，因为一般与好朋友一家上契，也就是对对方家庭知根知底，这样才会选择与该家庭上契。在“上契的原因”中有提及，村民也会与神灵上契，但这过程也并没有繁多的程序。

与观音上契，可到任何有观音供奉的寺庙，在观音像前参拜，随后在庙里烧炷香，上契就完成了。以后每逢初一、十五要前往祭拜，求神保佑。也有其他的上契方式，就是填一份上契表，用斋菜鲜花水果供奉，在神前与香烛一起焚化。上契表分一年、三年和终生，年份到期后便再次到庙中向菩萨辞契或脱契。而终身的是在满二十一岁后或是正式结婚后，便可脱契，表示已经长大成人，可以独立，不需再借力了。观音娘娘普度众生，必然会答应任何人的上契要求。

到了现在的社会，其实上契也多了一点偶然性，有些家庭在聚会交谈的时候，可能只是一个玩笑话，但说着说着，大家就当真了，之后就决定上契。这过程，村民也比喻成像恋爱的过程一样，只要双方都对彼此感到满意，便可以成事了。上契双方的关系更进一步，更亲近。上契后双方便可以家人相称，所以上契对双方来说是一件十分开心的事情，促进彼此长久的情谊。

五、开灯

“开灯”又被称作“添灯”，在粤语中，“灯”和“丁”的读音相近，“添灯”和“添丁”同义，指生下男丁的意思，因此开灯就有了传宗接代之意。开灯主要在春节期间，是各村为本族在上一年诞生的男孩子举办的一项宗族活动，主要包括挂灯、宴请亲朋、记名入族谱等。

开灯仪式以花灯为主要象征物品。在开灯之际人们将花灯挂在家族的宗祠处，意在认祖归宗，灯一挂出就代表着新丁入族。在古代，添丁对于一个家族来说意义重大，那洲村有着“多子多福”的观念，因在过去的农村，家中男子是主要的劳动力，“有丁即有财，丁多则财多”，家中男丁越多，宗族也就越加繁荣兴旺。专门负责写族谱的长辈，在见到花灯以后就会将家里新添的男丁名字加入族谱之中，意味着村里分配的福利也将有一份归到新丁的名下。谁家的男丁越多在节日时所分得的粮食就会更多。中华人民共和国成立后举办挂灯仪式的家庭开始变少，只有少数家里有长辈的家庭会重视这个仪式。

那洲村的开灯礼一般要从正月初二到十三之间挑选一个吉日进行。为了能够在这段时间里面挑选一个非常合适的日子，村民会去找算命的先生根据所生男丁的八字测一个开灯吉日。挂灯持续到正月十五就收灯。

花灯是一个体积很大的五颜六色的大纸扎灯。大纸灯是纯手工做的，需耗时一个多月的时间，所以要“开灯”的家庭一般都会提前两三个月预订纸灯。那洲市场以前做纸灯的人很多，现在则所剩无几，纸灯价格约三四百元，含两对小灯笼和一个大纸灯。花灯本身也是一个带有寓意的工艺品。它们都是用竹条扎成，外部用五颜六色的彩纸装饰，形似灯笼，灯的正面贴上红纸并且写上新添男丁的名字和一些祝福之词。花灯各式各样，但是大多数为方灯和荷花灯两种，方灯四面顶部会有小角翘起，角越多预示着子孙越多。灯有八面的灯瓣，每个灯瓣的表面还都画有一段十分有趣的传说故事，如八仙贺寿、仙姬送子、状元及第等，故事活泼生动，颇有趣味。在八角大纸灯下还挂了几串大大的橘子，以取大吉大利之意。而荷花灯底部是纸做的莲藕造型，寓意能够像多节的莲藕一样子孙满堂，上面的荷花则是寓意新生的孩子就如同荷花一样纯洁无瑕。

开灯的时候，那洲村的村民们将小花灯挂在家里，在村里祠堂或庙堂正中央挂大花灯，祈求小孩健康成长，请求祖先神明庇护。那洲村的庙前有树一棵，相传是土地公的化身，因此也有不少村民会在此处挂灯。村中以前有个石碑坊，相传也是由土地公守护的地方，在大年初七的那天会有不少村民到此处挂灯庆祝。

八角大纸灯、莲花灯、小纸灯等挂好后，就开始祭神开灯礼了。举行开灯礼时，家里面需要摆1套新衣服、几件首饰、几斤慈姑、3斤猪肉、1埕酒、8个鸭蛋、1只鸡、2条腊肉、1袋米等。祭神需用慈姑（寓意生儿子）做料的9个菜以及橘子（寓意大吉大利）。祭完神后，家人拿一小刀在灯上剖一瓣，这个就叫“开灯”。开过灯的男丁寓意健康成长，长大后需肩负家族兴旺的重责。开灯的期间，家人每晚都要点灯上香，保持每天都要点燃，象征新丁生命力旺盛。“结灯”一般在正月十五或者十六，“结灯”时可以放下八角大纸灯，撕下几瓣灯瓣后放在桶里烧掉，但其余的灯要一直挂下去。烧纸灯，俗称“化灯”。由于“化”与“话”谐音，寓意父母对孩子的祈愿告知了天神。花灯也可以留着不烧，等到下一年再挂出来，俗称“旧灯”，以区别于其他新挂的花灯，但最多只可挂两年。挂旧灯并不是为了炫耀家门添丁，而是提醒族人们为儿子落族谱、分粮食。如果添了男丁的家庭在两年内都没有挂花灯，就必须等到该男丁结婚前一年才可以补挂。

开灯的家庭通常会准备好灯酒菜和送灯饭，包括萝卜、猪肉等菜式，开灯当天和各个亲朋好友聚集在一起吃饭庆祝，称为“开灯酒席”。现在一般在酒楼宴请。

如果是长外孙开灯，孩子外婆一般都会送金送衣送钱财等，若是中上人家则会送只金猪（吊坠，猪意为祝福）、衣服、首饰等，凑成一担（四盒至八盒），于“开灯”日那天，送至外孙家。而外孙家的人们就会将衣服、首饰等给新添男丁穿戴上，其余的食物煮熟用来祀神。祀礼完毕后，外孙家人把衣服、首饰全收，其余食物均只能收一半，剩下一半要分给亲友。外婆回家时，外孙家人还要回煎堆、猪肉、鸭蛋、慈姑等礼物。

村中也有些家庭为了省事，只会在男丁成年后娶妻的那天，合二为一办开灯礼。

开灯仪式中饱含家庭对孩子的祝福。如今，随着时代的不同，开灯仪式不再像过去那样隆重热闹。原来花灯上的祝福字样也逐渐简化，原来需要添加灯油的花灯也被设计成了在花灯中放置手电筒或电灯的样式。

六、过继

过继，也称为过房、过嗣，指的是自己没有儿子、收养同宗族的男丁为后嗣。无子女或无男丁的家庭将近亲旁系亲属中的男丁收为继子,立下字据，有财产继承权并承担赡养老人责任，这是中国封建社会宗法制度下的一种特殊收养形式。

过继一旦在族谱或宗谱中记录下来，继子就等于与原生家庭脱离了关系，要在过继的家庭里生活，承担起责任和义务，继承相应的财产。

过继一般按照血缘关系的亲疏来选择，通常先考虑父族，若没有合适的人选再考虑母族，要遵循“由亲及疏、昭穆相当”的原则。过继只在同族中进行，不会在异族中进行，因为血缘关系是促成过继的重要因素。为了维护宗族的利益，所以过继的孩子必须是宗族内的，这样才能得到族内人的认可，录入族谱。

以前那洲村是集体所有制的合作经济，由于生产队内工分的计分标准男女之间有差异，男性的工分比女性高，因此，在那个年代，家里男丁兴旺是很重要的。家里男丁多，干活所得到的工分就多，报酬也就多。如果一个家里没有儿子，就会想方设法过继一个男孩，这样家里既有了劳动力，又符合传统观念，可以继承家业。

村里的过继仪式不用特定挑选日子，因为大多是同胞兄弟之间的过继，所以没有太多的讲究，只需要告知族人，族长或是族内声望高的人见证、主持，这样方便记录在册。过继后要注意的事项则会写成文书，作为凭证，避免纠纷。过继文书写在红纸或者红布上，一是为了喜庆，家里增添了人口，人丁兴旺的意思；二是对过继这件事的重视。上面通常写明过继的原因、对象、双方约定的内容、双方的责任和义务、见证人等。文书格式一般为：立出嗣书×××，今有亲生第×子××，现年×岁，×年×月×日×时生，继与×房×兄为嗣，以承宗祀，更名抚养成立。

主持签字画押的人便是族长和族中德高望重的长辈，因而可保证这份文书的权威性和重要性。传统的过继文书并非将财产的继承放在首位，而是着重以“以承宗祀”为首，兴家业、承子嗣、守族规、传香火，一切以宗族的延续为大。过继结束后，两方人都将开始履行自己的义务：养父母给续嗣人行养育教导之事，并主持子嗣的人生大事如学业、婚配等；养子女即承嗣人行孝道之责，对养父母孝敬恭顺，尽力赡养，传宗接代。养父母百年后应操办丧事，严格恪守当地规矩进行祭祀戴孝。

七、诞辰

诞辰，更通俗的说法是大生日，例如有六十诞辰、七十诞辰等。民间为生日举行的寿诞庆祝仪式，俗称“做生日”“做寿”。到了50岁时所做的生日才可称“做寿”，而亲朋好友也要送贺礼祝寿，之后每10年做一次。一般指10年一次的大生日。

孩子10岁生日叫作“长尾巴”，由外公外婆或舅父舅母送米粉和衣物鞋帽以示庆贺。中、青年生日，一般都不请客庆贺。俗谚“不三不四”，讲的就是20、30、40不庆寿，逢这样的年庚，只是吃饭时增加一些荤菜而已。40岁不做寿，还因“四”与“死”谐音，做寿不吉利。寿庆通常是从50岁开始，50岁为“大庆”，60岁以上为“上寿”，两老同寿为“双寿”。在寿辰日儿女要给父母做寿。所以谚云：“三十、四十无人得知，五十、六十打锣通知。”又有“做七不做八”之说，因此，80岁寿辰多延至下年补办，俗称“补寿”“添寿”，也有一些地方提前一年庆寿。旧俗还因百岁嫌满，满易招损，故不贺百岁寿。

那洲村民庆祝大寿多是包含“1”的生日，如51、61、71等。其余不包含“1”的生日，通常只是普通的生日。广东民间素来就有“男做齐头，女做出一”之说，即男子在60岁或70岁做寿，女则要在61岁或71岁。不过，寿并不是任何年龄都可以做的。广东地区讲究50岁以上的男女，且岁数逢“10”和“11”才能举行祝寿，不是逢“10”和“11”的诞辰，仍称为“做生日”，而不能做寿。但如果父母在世，即使年过半百也不能“做寿”，因为“尊亲在不敢言老”。以大部分人家为例，大寿相比普通的生日会隆重一些，隆重的程度犹如婚礼宴会，热闹非凡。大寿一般会邀请亲朋好友过来一起吃大餐，设宴的地点是不固定的，有的会在自己家里设宴，也有的会去酒楼。

大寿的餐桌上一定会有9个菜，也叫“九大簋”。其中一定包括鸡，据当地村民的描述就是“无鸡不成宴”。粤地之穗、港、澳一带，惯称盛宴为“九大簋”。在“九”字与“簋”字之间还加个“大”字，不但有数量多的意思，更含有极为丰盛及隆重之意。

祝寿通常由儿女或亲戚朋友发起，大家齐来祝贺。中华人民共和国成立前，广东人做寿的礼仪习俗是，条件好的富裕人家要设置寿堂，在正厅的墙上，男寿星悬挂南极仙翁像，女寿星悬挂瑶池王母像，或“八仙庆寿图”“三星图”等象征高寿的画轴，或用金纸剪贴大“寿”字。结寿彩，燃寿烛，寿星穿着新衣褂，正堂端坐，接受晚辈及亲友的叩拜与祝贺。

如今，曾经烦琐的祝寿礼仪大为简化，现代的生日庆祝仪式往往只请亲朋好友一起聚餐，大家送上祝贺，奉上生日蛋糕。

第五节　方言俚语

一、方言和普通话

那洲方言属于粤语地方方言，与穗港澳地区语音相近。随着外地人口大量迁入那洲，那洲语言呈多样化，方言不限于那洲话，还有客家话、潮汕话。

那洲官方用语则统一使用普通话。中华人民共和国刚成立时，普通话主要在学校推行，学生会听能讲。同时，群众在对外交往中也逐步推行普通话，那洲会听能讲普通话的人不断增加。现如今，普通话已成为那洲主要通用语言，出现大部分当地儿童只会讲普通话，不会讲当地白话，反而需要父母特意教育如何讲粤语白话的现象。

二、谚语

（一）生活谚语

奇怪，奇怪，真奇怪，最好三年打（打醮）两届。

买到笋虾似足二个头块，几乎哽死老大。

不听老人言，终于驶沉船。

老狗嫩猫儿，吃死冇人知。

宁教人打仔，莫教人分妻。

牛唔饮水，唔揿（摁）得牛头低。

海上无鱼，虾公为大。

白蟮上沙滩，唔死一身潺。

大鱼吃细鱼，细鱼吃虾仔。

久病床前无孝子。

亲生仔不敌近身钱。

好仔唔论爷田地，好女唔论嫁时衣。

鸡蛋咁密，都能孵出仔。

夏至狗，冇碇（处）走。

反转猪肚就系屎。

一本通书看到老。

精人拣女婿，呆人拣家财。

鸡屎藤，各人本事各人能。

唔同阿婆瞓过，唔知阿婆被（棉被）破。

船头惊兵，船尾惊贼。

未行船，先解缆。

入乡随俗，出水随湾。

迟禾至怕霜降风，人生至怕老来穷。

家和万事兴，家衰口不停。

要买唔论贵，要嫁唔论细。

酒头茶尾饭中间。

咸鱼腊肉，见火就熟。

台头教仔女，床头教夫妻。
跟着好人成君子，跟着坏人惹是非。
崩口人忌崩口碗。
最后加盐唔入味。
得人恩惠千年记，得人花戴万年香。
宁吃宽眉粥，唔吃皱眉饭。
有情饮水饱，无情食饭饥。
一物治一物，糯米治木虱。
横纹柴真恶（难）破，横纹心抱（儿媳妇）治家婆。
多个细叔多担柴，多个细姑多个唇舌牌。
宁欺白须公，莫欺鼻涕虫。
人饿唔知丑，鸡饿赶唔走。
上山擒虎易，开口求人难。
生望一，死望七。
家里不和邻里欺，邻里不和惹是非。
牛耕田，马吃谷，老窦（父亲）揾钱仔享福。
虾熟虾弯弓，蟹熟蟹红壳，鱼熟鱼爆（凸）眼。
有吃唔敌清闲肥。
官字两个口，民字两只脚。
一生儿女债，半世老婆奴。
饱死荷兰豆，饿死旱芹头。
人心肉做，烧酒米做，阎罗王鬼做。
精人舂白米，呆人煮烂饭。
树大有枯枝，村大有乞儿。
树大分桠，仔大分家。
有头威，冇尾势。
旱天多雨色，姣（骚）人多亲戚。
同窦鸡仔同窦啄。
挖肉攞疮生。
良田万顷一升米，高楼大厦半张床。

西瓜共（和）蟹，唔识莫买。

有钱难买天光觉。（当地人“觉”字读作“教”音）

（二）农时谚语

寒露三朝，迟早尽飏（指禾稻全部长穗）。

插秧插到立夏，插唔（不）插都罢。

三分种，七分管。

立冬三日满田红，立冬十日满田空（收割完毕）。

处暑红薯立秋秧。

立秋长短插，立冬一齐黄（稻成熟）。

大暑凉，秋后热。

小满不落春头种，立夏不插早禾秧。

耕田无粪（肥料），莫在田边论。

立秋有雨秋秋有，立秋冇雨瞓（睡）田头（天旱）。

冬在头，卖吼（了）棉被置黄牛（指天气暖）；冬在尾，冷出屎（十分寒冷）。

雷打秋，折半收。

二八乱穿衣，三九随人意。

三月冷牛，四月冷马，五月冷娘亚妈（老妪）。

未吃五月粽，寒衣不敢送；吃哮（了）五月粽，过哮（了）百日又翻风。

六月六，红薯芋仔饭头焗。

树上好果，地下冇禾。

干冬湿年，谷米满田。

二月东风旱，三月东风水浸田。

雷打惊蛰节，三月田边裂。

清明暗，流水（指溪水）不离磡。（指洼地）

六月逢双暑，晚造好时年。

唔怕霜降风，最怕寒露雨。南风入大寒，冷死早禾秧。

清明前后尽栽秧。

（三）气象谚语

猪搬窦（搬窝），冷到叩（哭）。

天上鱼鳞斑，晒谷不用翻。

北风好抵，南风（指倒春寒）冷死仔。

唔好东风搅坏海。

大晕（月晕）风，细晕雨。

日晕风，夜晕雨。

东摄（闪）雨重重，西摄（闪）热头（太阳）红，南摄摄三夜，北摄就泻（很快下雨）。

雷公先唱歌，有雨也不多。

雷打惊蛰前，七七四十九日唔开天。

朝红（彩霞）风，晚红雨。

朝翻（起风）七，晚翻一，晏昼（中午）翻风唔过日，半夜翻风冷折骨。

早起乌云拦东，冇雨也吹风。

春天家婆面，一日变几变。

播蓬（彩虹）出在东，冇雨也有风；播蓬出在西，热头晒死鸡。

天上鱼鳞云，地下晒死人。

一日风呔（台风）三日雨。

风呔（台风）到，有预报，田沟泥鳅打跟斗，墙边蚂蚁搬窦口。天边青气一条条，攞鱼、耕作眉头皱。

（台风）回南唔趟西，十日又返归。

寒露三朝，过水寻桥。

大屿山（指香港的大屿山）开口，唔系风就系雨。

红云盖顶，揾地湾艇。

三、歇后语

隔衫揞痕（搔痒）——唔到肉

近视佬生盲仔——一代不如一代

陆云廷睇相——唔衰（没坏运气）攞（找）来衰

吃猪血屙黑屎——马上见（功）

狗咬老鼠——多管闲事

油炸鬼（油条）送白粥——和过

老公拨扇——妻（凄）凉

老婆担遮（打伞）——阴公（功）

火烧桅杆——长炭（叹）

腊猪头皮——死撑

灶公跌落镬——蒸（精）神

鸡吃放光虫——心知肚明

盲佬食汤圆——心中有数

四方木——踢都唔郁（动）

单眼仔睇老婆——一眼睇晒（全）

十一人吃一分鸦片烟——冇到一厘瘾

屎坑关刀——闻（文）唔得，舞（武）唔得

幡杆灯笼——照远唔照近

十八岁大姐——唔知嫁（价）

狐狸唔好话獭——两个都咁臊

姑婆送姑丈——越送越远

豉油捞饭——整色整水

烂柴打狗——唔见一截

水浸缸瓦铺——盆满钵满

地下跳上席——唔高得几多

阿驼医眼睓——有凸

阿龙烧炮——散晒

阎罗王出告示——鬼看

寒天饮雪水——滴滴记心头

盲佬瞌眼训——睇唔出

旗杆顶公仔——上人

猪笼竻——自己扭自己（又称“度度扭”）

阿兵养狗——转性

铁线蛇——打死都冇餐吃

麻猫毛——顺住捋

缸瓦佬打老虎——尽该煲

冷饭淘茶——唔使餸（送）

黄肿脚——不消蹄（提）

姜太公封神——漏吼（了）自己

姜太公钓鱼——愿者上钩

年晚煎堆——人有我有

吊丧甩裤——失礼死人

烧猪肉——免炒

日本砣表——大声夹冇准

烂秤杆——得把星（声）

新出荷兰豆——冇仁（银）

大洋船——唔入滘（教）

远焯请酒——家家（呱呱）叫

满叔支烟筒——暗击（激）

芒果花——冇乜成数

五月节香米（捐献神佛）——随你出心

卖鱼佬洗身——冇晒腥（声）气

隔夜油炸鬼——揺（拉）佢唔长，吹佢（他）唔胀

白石佬耍棍——冇路（没有套路）

红薯跌落灶窟——该煨（活该）

毒蛇喷瓦鸡——嘥气（没用）
出山草纸——垫（贱）骨头
送丁（扫墓）雨——拜（败）唔切
老鼠尾生疮——大晒有限
阿崩吹笛——漏气（做事拖拉）
阿兵叫狗——越叫越走
寿星公吊颈——嫌命长
新加坡卖蔗——唔苏（不理睬）
三水佬睇走马灯——陆续有来
落雨收柴——迟迟辑辑（方言字，意为干净利落）
隔夜茶炉——吹唔着
光棍佬教仔——便宜莫贪
庙祝公养狗——吠（费）神
拜神漏藕——吟吟哼哼（唠唠叨叨）
花被冚鸡笼——外头好看里头空
水兵对水手——水对水（差）
客家佬买鞋——有咁大要咁大
刘备借荆州——有借冇回头
乾隆皇契仔——周日清（日日把钱花光）
问师姑借梳——揾（找）错人
光棍遇着冇皮柴——一样货色

第五章

历史名人

第一节　人物传略

那洲村人杰地灵，人才辈出，在文化、科技、军事等领域都涌现出对社会有杰出贡献的人物，其中古元、谭生、谭真最具代表性。

古元

古元(1919—1996)，原名帝源
珠海市唐家湾镇那洲村人。

一、古元

古元是中国现代著名版画、水彩画大师，杰出的人民美术家，美术教育家。民国八年（1919）8月5日，古元生于广东香山县那洲乡（今属珠海市唐家湾镇那洲社区那洲村）。古元的父亲古万建出身农民，曾在巴拿马经商，娶林氏、黄氏两妻，生五男五女，古元在男孩中排行第三。古元出生后，父母很喜欢这个大眼睛的孩子。其父亲把他“契”给关帝庙的关圣大帝，并给取名古帝源，求关帝保佑他健康成长。古帝源在奔赴延安后，为方便书写和群众易记，改名古元。

古元天性聪颖，少年时代在环境的熏陶下，酷爱美术。民国十六年（1927），古元在那洲小学读书，后转入广州市五十一小学。　民国二十一年（1932），古元以优异成绩考入广东省立第一中学（广雅中学），课余时间经常到郊外写生，常画素描和水彩静物、风景。民国二十六年（1937）7月“七七事变”发生，广州时常遭日战机空袭，古元被迫停学返乡，并在当地一所小学担任教员。他在教课之余绘制一些揭露日本侵略军暴行的宣传画，张贴在家乡的街头上，这些宣传画就是他首次向社会展示出的绘画作品。此外，古元对家乡的山川风物十分热爱，常常绘画家乡的风景。同时他又参加了村里的一支抗日救亡宣传队，担任队伍中的美术宣传工作。后来古元还结识了宣传队成员谭福鑫（解放后首任中山县委书记，后改名谭桂明）和杨维学，在他们的影响下，投身抗日救亡运动。民国二十七年（1938）9月经八路军驻粤办事处介绍，古元奔赴延安，在陕北公学进行了3个月的政治和军事理论学习。他课余参加美术小组，画壁画、墙报装饰画，写标语，并开始练习木刻。同年11月古元在陕北公学加入中国共产党。

民国二十八年（1939），古元入延安鲁迅艺术文学院美术系学习。当时绘画用的纸、笔、墨、颜料等材料很难进入延安，古元只能因地制宜，创作木刻作品。其间，古元革新改造中国木刻艺术，注重在传统美术中创新资源，创作了一系列反映解放区火热战斗生活的作品。

民国二十九年（1940）毕业后，古元遵照毛泽东到“大鲁艺”去的教导，赴延安县川口区碾庄乡担任乡政府文书，从事农村基层工作。他在那个只有42户人家的小村里和农民朝夕相处。其间，古元创作了版画《运草》。《运草》刻画的是农村生活小景，是以木刻艺术形式创作的表现陕北农民朴实勤劳的作品。著名美术家蔡若虹惊叹道：“第一次看见古元的木刻小品《运草》时，我惊喜地发现这个年轻人能够在无比荒凉的景色中发掘出美……，没有经过劳动锻炼与艺术锻炼的作者，是绝对画不出这样的作品来的。”

民国三十年（1941）至民国三十四年（1945），返回鲁艺从事美术创作和教学。这期间，以木刻艺术形式创作了表现农村土地改革运动的作品《减租会》，表现农村扫除文盲的作品《冬学》，表现妇女参加社会活动的作品《选民登记》，表现农村军民一家亲主题的作品《哥哥的假期》，表现农村妇女思想解放的作品《离婚诉》等，人物写意传神，震撼人心。

民国三十一年（1942）5月，古元参加延安文艺工作座谈会。毛泽东在会上发表了著名的《在延安文艺座谈会上的讲话》。他根据马克思主义基本原理，科学总结了五四运动以来革命文艺运动的历史经验，创造性地提出文艺是为人民大众服务的，首先是为工农兵的，为工农兵而创作，为工农兵所利用的，明确指出文艺为工农兵服务的方向。在讲话精神指引下，解放区群众性文艺运动蓬勃发展，古元深受鼓舞，迸发出极大的创作热情。同年10月，周恩来将古元的延安木刻作品带到重庆参加第一届双十全国木刻展，引起了各界和国际舆论注目。徐悲鸿先生看了古元的作品后，异常激动，称其“真了不起”，当场订购了古元的木刻作品《铡草》《冬学》和《哥哥的假期》，并撰文称赞古元为“中国艺术界一卓绝之天才”和“中国新版画界的巨星”。由于工作成绩突出，古元被选为甲等文教模范，获延安青年文学甲等奖。

民国三十二年（1943），古元参加延安整风运动。此年春，古元作品入选中国现代木刻展，被送往苏联、美国、英国、印度展出。同年10月，古元作品又参加第二届双十全国木刻展。至此，许多报纸对此作了报道，古元的名字及其作品便在国内外艺坛上大放光彩，古元一时声名远扬。

民国三十三年（1944），“鲁艺”美术工场改为研究室，古元任研究生、创作组长，当选甲等文教模范。参加“陕甘宁边区文教代表大会”，获甲等奖。期间创作了《拥护咱们老百姓自己的军队》《人民的刘志丹》等。同年12月30日，古元与革命战友蒋玉衡结为终身伴侣。古元和夫人蒋玉衡曾在民国二十七年（1938）9月的同一天，于广州黄沙车站乘坐同一列火车奔赴延安。在革命生涯中，于延河岸边，他们互相倾慕。经鲁艺秧歌队班长、著名电影演员于蓝从中撮合，他们在窑洞举行了简朴而浪漫的婚礼。

民国三十四年（1945），古元任“鲁艺”美术系教员、创作组长。4月9日，美国出版的《生活》杂志，以“木刻帮助中国人民战斗”为题，刊出14幅中国木刻作品，其中有古元的代表作《冬学》等3幅。古元在延安时期确立了世界观和艺术观，把艺术的根须深深植入人民的、民族的沃土之中，沐浴着民主的阳光。陕北、碾庄是他艺术创作的“摇篮”。

中国人民取得了抗日战争的伟大胜利后，国民党反动派发动了内战。解放战争势如破竹，土地改革天翻地覆，恢复和发展生产如旭日东升。因此，古元的木刻创作视野更广阔，节奏更强烈，战斗性更强更有力，在民国三十六年（1947）至1949年又达到一个新高峰。最有代表性的作品是《烧毁旧地契》《发新土地证》和《人桥》。

抗战胜利后，古元随鲁艺离开延安前往东北，途中交通受阻，只好留在华北解放区，任华北联大文艺学院美术系教员，到广灵县参加土改。

民国三十六年（1947）春节，古元在华北待命；同年5月，转入东北解放区，在哈尔滨松江文工团从事美术工作；同年7月，古元在五常县周家岗村第二次参加土改，并在体验生活中创作《焚毁旧契》、《发新土地证》等木刻画。民国三十七年（1948）4月，到《东北画报》社任美术记者。1949年，古元当选全国文联委员、美术工作者协会常务理事。当五星红旗在天安门广场上第一次冉冉升起的历史性时刻，古元与夫人蒋玉衡在沈阳东北画报社满怀信心地憧憬着祖国的未来。

解放后，古元曾任职于人民美术出版社主任、中央美术学院院长。先后当选中国美术家协会常务理事、副主席，中国版画家协会副主席、名誉主席。历任第一、三、四届全国人大代表，第五、六、七届全国政协委员，国务院学位委员会委员。古元的艺术成就无论思想深度、艺术创造，还是人格魅力，在中国和世界美术史上都镌刻上极其光辉的一页。

古元每创作一幅作品，都要花费很多心血，构思、构图，画许多草稿，反复酝酿、比较、推敲，努力寻找最巧妙的方案。他的木刻艺术技巧，在创作方法和创作风格皆已臻完备的基础上，于这个时期进一步发展，达到更得心应手、运用自如的境界。《鞍钢之修复》便是一个突出的例证。

华北与东北时期是古元木刻在延安时期所确立的现实主义创作方法与具有民族特色的写实风格基础上的进一步发展，达到了更完备的境界。高度的思想性和艺术性的统一奠定了古元在中国革命史和现代美术史上的地位。

新中国成立以后，中国转入和平建设的历史新阶段。古元以新中国为主题，歌颂劳动人民，歌颂新生活，创作大量木刻作品和水彩作品。其水彩画既有版画节奏鲜明、造型概括的特点，又充分体现了水色淋漓、轻快透明的艺术效果，从而拓宽了水彩画艺术的表现形式，由此，古元的创作达到了第三个艺术创作高峰。

1950年5月，古元调到北京，先后在中央新闻摄影局美术研究室、人民美术出版社创作室、中央美术学院担任教员和领导职务，并当选为全国文学艺术界联合会委员、中国美术家协会副主席、中国版画家协会副主席。1951年，创作新年画《毛主席和农民谈话》，获文化部颁发的新年画二等奖。1952年，参加全国文联组织的访问团赴朝鲜前线写生。在朝鲜战场坑道中和志愿军战士一起生活了八个月，创作了《战地喜报》《钢铁运输线》等大量的版画和速写作品。1956年，古元为鲁迅小说《祝福》作插图《祥林嫂》。1957年，为庆祝建军三十周年创作的《刘志丹与赤卫军》，该作品标志着古元木刻艺术发展到一个新的更高洁、更完美的以一当十的境界，被称为古元木刻艺术的巅峰之作。1958年，古元在河北农村与贫下中农“三同”（同吃、同住、同劳动），进行思想改造和劳动锻炼。

1959年，古元调任中央美术学院教授、版画系教研室主任。出版《古元木刻选集》增订本。1961年古元赴匈牙利、保加利亚访问、写生并举办个展。

古元20世纪50至60年代的作品有许多是风景题材。与战争年代的作品相比，《玉带桥》此类作品趋于平静与美好，画风也显得优美而淳朴，技法也达到的新水准，反映出20世纪60年代初文艺政策的调整对艺术的影响。

1963年，古元带学生去河北遵化县沙石峪深入生活，创作了《老战友》《探望老房东、老战友》。1964年11月，45岁的古元当选中华人民共和国第三届全国人民代表大会代表。

1970年，古元参加王国福家史展览和天津三条石展览等工作，下放河北省磁县部队农场劳动。1971年参加中国革命博物馆创作和外事活动。中日建交后，1973年古元参加以廖承志为团长的访日代表团赴日访问。1974年，古元和中央美术学院部分学生到陕西户县“开门办学”，其间重返延安，看望碾庄乡亲。1975年，当选第四届全国人民代表大会代表。1977年，古元去井冈山、九江等地写生，创作了多幅水彩画。

改革开放以后，古元曾多次被选为中国人民政治协商会议全国委员会委员，并代表中国版画界出访德意志民主共和国、法国、美国、阿尔及利亚和突尼斯等国家，出席版画展、文代会等，并先后在长春、北京、乌鲁木齐、伊宁、广州、珠海、香港、澳门、郑州、南阳、中山、桂林等地举办个人画展。数年间，古元的创作足迹遍及海南岛、井冈山、九江、新安江、华北油田、白洋淀……

1978年，古元被选为中国人民政治协商会议第五届全国委员会委员，并访问了德意志联邦共和国。1979年，出任中央美术学院副院长。1980年，当选中国版画家协会副主席。

晚年的古元曾担任中央美术学院副院长、院长。倾注心血于美术教育事业的同时，古元并没有放下艺术创作，常常利用出外访问和学习的机会创作大量优秀的版画和水彩画。古元还十分关心家乡珠海的发展，多次返乡探亲。家乡日新月异的变化再次激起他的创作热情。他生前就曾多次表示，希望他的主要部分作品能够留存家乡。

1983年至1987年，古元任中央美术学院院长。

1984年9月，古元随同中国人民友好访问团访问美国和法国。同年11月，出版《古元水彩画选辑》，选印从1953年至1982年期间作品49幅。

1985年5月，第四届中国美术家协会会员代表大会在济南举行，古元当选全国美协副主席。

1986年2月，《古元傅天仇作品展》在澳门赵斑斓文化艺术馆举办，3月移至香港中华文化促进中心再次举办。同年10月，在安徽省屯溪举行的中国版画家协会第二届会员代表大会上，古元再次当选中国版画家协会副主席。

1987年3月，古元辞去中央美术学院院长职务。同年8月26日下午，卢森堡副首相兼外交大臣雅克·普斯代表卢森堡大公向古元等四位中国人士授勋，表彰他们为促进中卢两国人民的相互了解和友谊作出的贡献。同年，古元主持了“李桦先生从事美术教育事业五十周年暨八十大寿庆祝活动”。同年11月，古元率中国文联代表团访问阿尔及利亚和突尼斯，进行文化交流，签订中、阿文联交流协定书，并在两国各地参观访问。

1988年，古元被选为第七届中国人民政治协商会议全国委员会委员，创作反映阿尔及利亚和突尼斯风土人情的木刻和水彩画。10月30日至11月5日，在珠海市隆重举行《古元画展》。1988年11月，应邀赴德意志民主共和国参加民主德国美术家代表大会，并参观凯绥·珂勒惠支纪念馆。

1989年6月，受中国美术家协会委托，出席黑龙江省哈尔滨市举行的《第七届全国美术作品展览会——“连环画、儿童美术和插图展”》开幕式。1989年8月，古元学生曹文汉撰写的16万字的《古元传》由吉林美术出版社出版，李桦题写书名。

1990年5月，古元重返碾庄，把在碾庄时期和根据碾庄生活创作的13幅木刻作品献给碾庄和乡亲们，并亲自撰写题为“摇篮”的前言。

1991年4月，《古元画展》在日本中川美术馆举行。该馆特出版《古元水彩画版画的旋律》，选印了古元43幅水彩画和11幅版画作品。1991年12月，人民美术出版社出版《古元水彩画选集》，收录了古元水彩画代表作90幅。1991年，中国美术家协会向古元颁发“中国新兴版画杰出贡献奖1931—1991”奖牌。

1992年春天，他曾回到故乡珠海那洲，看见祖屋前小时候在这里玩耍的一棵老榕树，触景生情，经精心构思，画下《家乡的老榕树》，送给那洲村乡亲们，画中满怀着对童年时光和故乡生活的眷恋之情。同年5月18日，古元参加由文化部主办的《纪念毛泽东〈在延安文艺座谈会上的讲话〉发表五十周年延安时期四位画家联展》，展出木刻、水彩、朝鲜战场速写、剪纸等200余幅。5月23日，为纪念毛泽东《在延安文艺座谈会上的讲话》发表50周年，邮电部特发行由古元设计的纪念邮票、首日封、明信片，邮票图案就是古元的代表作套色木刻《回忆延安》。

1993年11月，古元应邀赴澳门参加《中央美术学院画廊精品展》展出活动，并回珠海采风，探亲访友。12月4日，应邀作为中央电视台和珠海电视台合办节目《综艺大观》的贵宾，将版画《珠海朝晖》献给家乡珠海。

1994年8月，古元出席人民美术出版社《古元木刻选集》《古元水彩画选集》出版发行座谈会。17日，向日本友人田耕士赠送自题画《牛》。

1995年，获推选为中国版画家协会名誉主席。1995年春天，他曾回到珠海，在那洲村村委会写下“情系乡土　饮水思源”的书法作品，送给乡亲，表达对故乡的深厚情谊。

1996年8月10日，古元在北京病逝，享年77岁。他在遗嘱中写道：“我愿把从事美术工作以来所创作的部分主要作品捐献给我家乡的人民，希望将这些作品永久保存在古元美术馆供参观者欣赏。”同年8月16日，《人民日报》刊登新华社《杰出的人民美术家、美术教育家古元同志逝世》的报道，对古元一生的光辉业绩给予高度的评价。同年8月17日，由吴作人任组长的古元同志治丧小组在悼词中称他的离去“无疑是我国美术界不可估量的重大损失”。党和国家领导人李鹏、乔石、胡锦涛、丁关根、李铁映、谷牧、王鹤寿、宋任穷、刘澜涛、邓力群等赠送花圈。

2007年10月25日，古元女儿古安村、古娟按照父亲生前遗愿，在北京将古元版画原作105幅，水彩画原作70幅，版画复制品、印刷品58幅，以及书法作品、画册、遗物等捐赠给珠海市人民政府，由珠海市古元美术馆永久收藏。

2008年1月13日，以古元名字命名的“古元美术馆”在古元的家乡珠海市落成开馆，美术馆设“古元木刻作品展”“古元水彩作品展”和“古元生平文献展”。该馆馆藏古元著名的版画作品《割草》《冬学》《哥哥的假期》等105幅作品，著名水彩画《鲁迅故乡——绍兴》《炊烟》《归舟》等70幅和素描多幅。中国美术家协会、中央美术学院、广东省和珠海市的各级领导以及古元的子女、学生和生前好友200多人出席了古元美术馆落成暨古元捐赠作品展开幕典礼。

2015年，珠海高新区投入专项经费开展古元故居修缮工程，设立古元生平展、完善家居复原展，并于2016年5月正式免费对外开放。故居内展有古元送给家乡的水彩画《家乡的大榕树》等作品。古朴的复原家居展陈一定程度还原了当年古元日常生活的场景，让后人在体验中感受古元的生活和成长氛围。

■ 古元赠送给那洲村的绘画作品:《家乡的老榕树》

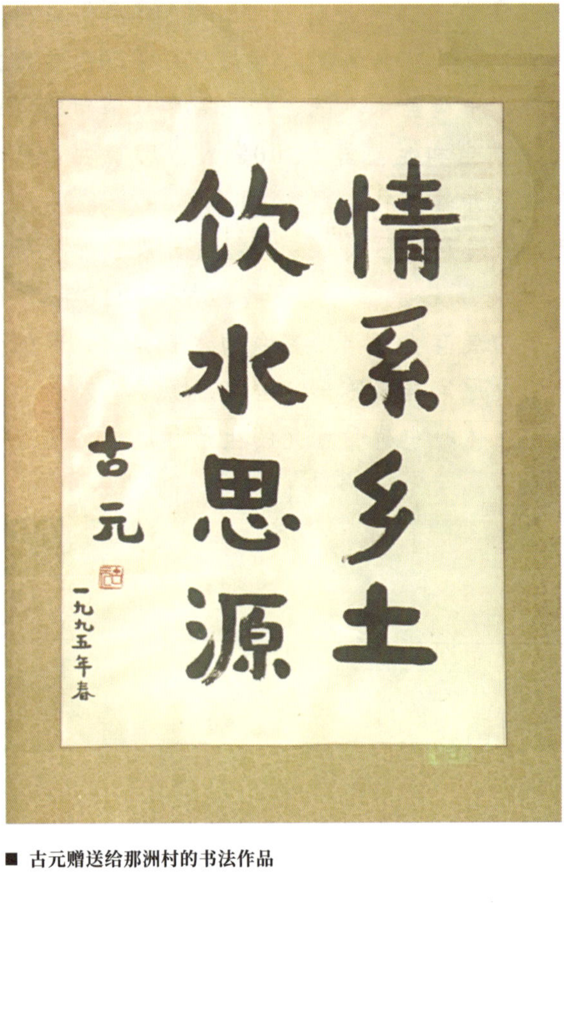

■ 古元赠送给那洲村的书法作品

谭生

谭生(1916—1992),原名文佳,珠海市唐家湾镇那洲村人,村里人喜欢亲切地叫他作“谭星”。

二、谭生

抗日战争时期，中山的五桂山区和珠海的凤凰山区、黄杨山区，属于珠江三角洲敌后游击区，广东人民抗日游击队中区纵队（后改名为广东人民抗日解放军）和珠江纵队在此进行抗日斗争。中共组建了中山县委，与国民党中山县县长张惠长合作，在全县掀起了轰轰烈烈的抗日救亡运动，各地党组织相继的成立，为动员民众同仇敌忾投身抗战发挥了重要作用。其时，凤凰山脚下有一支非常活跃的游击队伍——白马队，白马队队长就是那洲村的谭生。

谭生，原名文佳，香山县那洲乡人（今属珠海市唐家湾镇那洲社区）。村里人喜欢亲切地叫他作“谭星”。谭生幼年丧父，家贫。早年在澳门、香港做工。抗战爆发后，曾在香港参加中共地下党主办的工人训练班。后因参加罢工被公司开除。民国二十八年（1939）加入中国共产党，担任中共香港印刷工会特别支部代理书记。民国三十年（1941）初，返粤参加抗战，历任珠江三角洲抗日第一支队战士、班长、排长、连长兼政治指导员。民国三十三年（1944）春，被中山人民抗日义勇大队派驻东坑，开展凤凰山地区抗日武装斗争，组建由60余名战士组成的“白马队”，并担任中队长，在对日战斗中多次立下战功。同年12月28日，率部袭击驻前山的伪军、伪密侦队和伪警所，获胜。但翌晨遭驻拱北日军的跟踪包袭，牺牲13名队员。激战中政治指导员和副中队长及多名队员牺牲。谭生率30余名队员从东坑转移到会同正坑村。是夜，因叛徒出卖，又遭日伪军的包袭。民国三十四年（1945）1月，凤凰山白马队与长城队合并为马城队，谭生担任指导员。抗战胜利后，谭生担任中山县五、六区武工大队队长，后随军北撤，参加解放战争。中华人民共和国成立后，谭生任西南军区后勤部工厂管理局副科长、重庆机器技工学校副校长等职。1958年被错划为右派，1979年获平反，后调任珠海市总工会主席。1980年离休。1992年1月病逝，享年76岁。

谭生是广东抗日战争时期脍炙人口的传奇人物，他的英勇故事流传甚广。抗日战争时期，南粤凤凰山地区活跃着一支能征善战的抗日队伍——白马队。白马队队长谭生，是一位武艺高强、智勇双全的出色的指挥员。在敌后异常复杂险恶的环境中，他带领战士们，神出鬼没，四处出击，打日寇、锄汉奸、斗恶匪，越战越勇，令敌顽闻风丧胆。

• 理发店机智脱险

谭生当时作为游击队第一支队的队长，由于他英勇机智，谋略得当，冲在前锋，打死了很多敌人，因此日本鬼子听到他的名字都闻风丧胆。有一次，日本鬼子再一次进行全村搜索，驱令所有的村民都到村口集合。考虑敌众我寡，游击队队员选择匿藏。他们大多数都躲在店铺里，有的躲在小卖部底下柜子，有的躲在饭馆厨房。当时日本鬼子的首要目标是谭生，一心想先抓到他，除掉他这个眼中钉。日本鬼子四处寻找搜查了许多家店铺，最后冲进了理发店。一个翻译员问理发师傅："你们有没有看到谭生？从实招来。"理发师傅很紧张地回答："没有啊。"翻译员转告日本鬼子这番话后又再三寻找，最终撤出了理发店。最后等日本鬼子走了之后，坐在理发凳上的年轻人才把他脸上的剃须泡抹下来，这位年轻人就是日本鬼子要寻找的谭生。原来谭生躲在村口后的大树等待攻击时机，突然发现日本鬼子要搜查游击队。他连忙跑进了理发铺，急中生智叫理发师傅帮他剃光头，并将剃须泡抹在他的脸上，师傅当时吓得手都抖了，拿着刀不敢下手，谭生说"不怕不怕，打多点肥皂，然后用肥皂把脸都盖起来。"就这样，谭生很镇定地躲过了日本鬼子的搜查。

• 比枪法

有一次，地主武装黄汉仔拦住他，不准游击队过山场，他对谭生说：“你到香洲必须经过我的地盘，跟我比枪法，赢了你才能过。”黄汉仔竖了三支蜡烛，打了三枪中了两枪。谭生一举枪三枪连发，三枪哒哒哒，三支蜡烛都灭了，吓得黄汉仔连说厉害，连忙给谭生让路。

·活抓“老鼠精”

谭生接受了一项特殊的任务,回到凤凰山下的东坑村召集几个干部商讨如何活捉“老鼠精”。

谭生接待了从澳门来的两位客人，他们都是葡萄牙人，是 “土生仔”（即澳门土生葡人），年纪25岁左右，可以讲流利的粤语。一位名叫阿毕，任澳门副侦探长（相当于公安局副局长），另一位是他的秘书，由哨兵引见白马队长谭生。

民国三十三年（1944）年6月至7月期间，人民抗日游击队迅速壮大起来，敌、伪、顽军（国民党的右翼军队）均受沉重打击，一到太阳西下，便龟缩在碉堡里，不敢随便走动。一遇风吹草动，就大声吆喝，或乱开枪壮胆。有些伪军或散伙或投诚，有的跑到澳门去为非作歹。澳门一时人心惶惶，寝食不安。澳葡当局经多方调查，查清了在澳门作案的匪徒都是从内地跑来的伪军、顽军。他们有的结伙为盗，有的却是顽军的骨干分子，“奉命”来到澳门作案的。如国民党第七战区副司令袁带就派一名绰号叫“老鼠精”的来澳门结伙打劫，无恶不作。而“老鼠精”的窝点就在香洲榕树头附近。

“老鼠精”30岁左右，个子虽然矮小，但身手非常灵活，传说能飞檐走壁，他靠那不寻常的武艺当了10年惯匪。国民党第七战区副司令袁带就看中“老鼠精”这些本领而聘请他当马弁(即警卫员)。

澳葡当局早已获悉凤凰山人民抗日游击队第一支队白马队是中山人民抗日游击大队属下一支响当当的抗日队伍，所以澳葡当局派出一名副侦探长阿毕专程前来拜访白马队长谭生，请求协助。

谭生对当时的形势和澳门的政治状况也已通过游击队的交通情报人员了解得很清楚，因此热情地接待了两人。阿毕介绍情况后，谭生考虑牵涉到国际外事问题，不能自作主张，便安排两人住下来，等请示上级后再作答复。

谭生当即连夜赶到槟榔山村向司令员林锵云作了汇报。林锵云指示:“同意同澳门政府合作，我们可以派人活捉‘老鼠精’，但请他们同时也要为我们抓一个叫郑实的人。”林锵云又叮嘱谭生:“‘老鼠精’此人很坏,像老鼠那样可恶。他是国民党第七战区司令的亲信，同时在香洲搜集游击队情报。”因此，林锵云命令谭生往澳门偷运电台之前，先把“老鼠精”活捉。一是作为合作的见面礼送给澳葡政府;二是为澳门和游击队除一大害。

谭生知道生擒“老鼠精”不容易，为此布置了百余人去侦察“老鼠精”的动向。随后一天收到一名交通员报告，获知“老鼠精”上午8时回香洲，此刻正在榕树头附近的一家兴业银号楼上。谭生立刻带领5人短枪组，自己还怀着一颗手榴弹，打扮成乡下人赶墟的模样儿来到榕树头对面，细心观察地形以及周围的情况。谭生发现两个穿便衣的人肩挂驳壳枪在兴业银号门口走来走去，无顾客出入。谭生便判断那两个人一定是“老鼠精”的马弁，便立即命令4名队员走近便衣人的身边，以迅雷不及掩耳之势缴了两个便衣人的械，并押进银号的柜台旁边看管起来，并下令不得声张。同一时间，谭生飞身上了二楼。只见正面一张西式大床上横躺着的一条汉子在抽鸦片烟。不用问，这人就是“老鼠精”。谭生从怀里掏出手榴弹，把导火线拉出一半，大声喝道：“不准动,否则同归于尽!”“老鼠精”惊醒过来，正要拔枪反抗，已来不及了。被活捉的“老鼠精”即时押送到南屏乡一间祠堂里。那时，澳门政府已派出的人员已等候多时了，谭生便将“老鼠精”交给他们验收。过了几天，澳葡政府也把我方要抓的郑实抓了，谭生接到郑实之后，立即把他押送往五桂山。

• 东游西击

民国三十二年（1943）秋,谭生率领8个人7支枪，进入凤凰山区的东坑村之后，克服了许多困难,艰苦地开展工作,不觉已到盛夏季节，正是雨水天时,雷雨交加的日子,这给工作带来不少困难，同志们在紧张的游击生活中，不得不忍受在大雷大雨中奔走的困苦几乎每人都在诅咒，埋怨这一连十几天的雷雨气候。

尽管这雨季是令人诅咒的,但它也给游击队帮了不少的忙，发生了几件有趣的轶事。

抗日战争时期，岐关公路是中山地区最重要的交通路线，日本军用汽车经常往来石岐到前山、拱北一带，运兵及物资，因此，在唐家湾驻扎的日本鬼子经常派兵来保护这一路段。1944年的一个夏夜，岐关公路的那洲路段，忽然出现从四乡而来的人群，他们朝着那洲车站集结。这群人似散似聚的，似有组织的，又似无组织的人群，个个扛着锄头，带队的人手提一盏小灯，但不生灯火。

谭生和李郁军、杨维学几个干部早已在那洲车站旁边等候。

谭生召集各处来的领队人，问道：

“东坑来了多少人?”

“30人。”

“翠微的呢?”

“20人。”

“山场呢?”

“40人。”

有一位老人问道：

“破坏公路好是好，就担心唐家湾的日本鬼是不是会来?要来了怎么办?”

“他们夜里不会出动，游击队有几十人把守在大金顶掩护你们，不必担心。”谭生回答。

“不要点火，不要吸烟。”

大家挥动锄头，不到两个钟头，就把100米那洲路段原来宽阔平坦的路面，破坏得坎坎坷坷。不但汽车不能走，就是单人独马行走也非常困难。

这是经过游击队和地下政权工作人员深入动员群众的结果。大家知道，尽管破坏公路会增加许多困难，但破坏公路也等于破坏日本鬼子下乡扫荡的部署。群众知道鬼子下乡扫荡要给他们带来更大的苦难，所以破坏公路就是保护自己，是维护群众的切身利益。谭生就是抓住这一点来动员群众，因而万众响应，召之即来。

在休息期间一个老人问谭生：“前几年那洲乡出100多人筑这段

路，现在又来破坏得不成样子!这……”

谭生说：“以前筑的路，是对的。但现在日本鬼子霸占了它，三头五天就来扫荡、烧杀。路不破坏是不行的。将来打败日本鬼子，我们筑一条公路要宽过香港的弥敦大道，直通澳门，我们自己用，永远就不会破坏了！”

老人被说服了，周围的人们都认为谭生说得有道理。

太平洋战争发生后，日本鬼子在珠江三角洲一带频频调兵遣将，去应付太平洋战争。岐关公路上，日日夜夜都有日本军车、运输车来来往往。为了出击驻唐家湾的敌伪军，就必须阻击从石岐那方面来救援的敌人，就必须炸毁东岸那座大木桥，使敌人的军车、马队陷入困境。因此，抗日游击大队部发出命令：要谭生在一天内，把东岸木桥炸毁，阻击增援之敌……

干部、战士围在一起，你一言、我一语发表自己的意见。

有人说，炸桥梁要有炸药才行，我们连一两炸药都没有，怎么炸?

有人说，倒不如发动群众，连锯带砍把桥的主柱拉下来……

如果去制造炸药，硝石、木炭等原料很不容易找寻，没有引爆的雷管也是不行。

讨论会上，小队长杨章站起身，有条有理地说道：“用人力连锯带砍是个时间问题，没有炸药、雷管也可以把桥梁摧毁。”

大家问：“有什么办法?”

“派人先往桥底下，把桥的两根主柱中间挖一个洞。然后把6颗手榴弹的导线捆在一起，拧成一条导火线绳，再把手榴弹捆成一捆，藏在主柱洞里，一拉，就解决了。”谭生在顺德县西海集训时学习过各种爆破技术，根据手榴弹的性能，如果6颗手榴弹同时爆炸，其爆破力完全可以摧毁一根主柱。他赞成杨章的提议，立即派出数名战士，由杨章带领，往东岸大桥执行炸桥任务。他们炸断了东岸桥的两根主柱，使桥面向下倾斜，有效地切断了日军的给养线，成功完成了任务。[①]

① 谭生的英勇故事来源于冯锡銮著《白马队长》，人民出版社，1995年3月第1版。

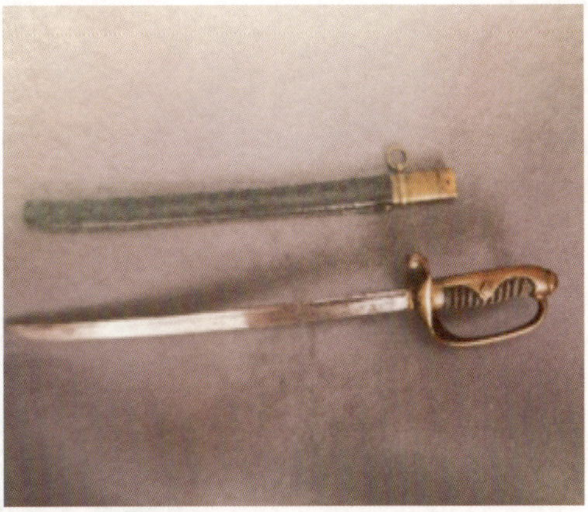

抗日战争时期日本军刀

捐赠者:谭生
捐赠日期:1991年
年代:抗日战争时期
尺寸:长59.5、宽约6.5厘米,重540克
质地:钢

1950年解放华中南纪念章

捐赠者:谭生
捐赠日期:1991年
年代:1950年
尺寸:直径3.5、厚约0.1厘米
质地:合金

图片来源:珠海市博物馆编的《珠海市博物馆历年接受捐赠文物集粹》

谭真

谭真(1899—1976),字全甫,
那洲人(今珠海市高新区唐家湾镇那洲村)

三、谭真

谭真，字全甫，广东香山县那洲乡人（今珠海市唐家湾镇那洲社区）。生于清光绪二十五年（1899）八月二十二日。宣统三年（1911），入读天津南开中学。民国二年（1913），考入交通部唐山工业专门学校（今西南交通大学）土木工程系。民国六年（1917）夏毕业。后赴美国麻省理工学院土木系水利卫生工程专业深造。其间，利用假期进行社会实践，任斐史桑三氏工程公司绘图员与费礼门工程师助理员。民国八年（1919）获硕士学位。同年秋回国。

回国后，历任天津运河工程局副工程师、天津允元实业公司经理兼工程师、天津整理海河委员会工程师、天津华荣工程公司总工程师及塘沽新港工程局顾问。民国十七年（1928）起，历任天津北洋大学教授兼秘书长、河北工学院兼职教授、唐山交通大学工程学院水利工程系教授、天津工商大学兼任教授等职。曾创办五金制造工厂、天津轮船公司。

民国二十六年（1937），“七七事变”后，谭真变卖部分家当，在天津开设“谭真工程师事务所”，但拒不承接日租界之工程。后太平洋战争爆发，日军封锁英法租界，谭真关闭事务所，隐姓埋名。

抗日战争胜利后，事务所复业。民国三十五年（1946），谭真担任天津塘沽新港工程局总工程师，后为副局长兼总工程师，主管华北最大之港口——塘沽新港。民国三十七年（1948），国民政府拟将在新港工作的工程技术人员撤往台湾。谭真拒绝电令，坚决留下，受其影响，大批工程技术人员也坚持留了下来。

1953年，谭真担任交通部天津筑港工程局副局长、总工程师，1954年，任湛江港副局长兼总工程师。1956年，完成新中国成立后第一座现代化万吨级深水港——湛江港建设。后又组织领导裕溪口港、天津塘沽新港、上海港和青岛港等老港的扩建技术改造，长江口和天津塘沽新港的航道治理、研究工作，解决了许多重大工程技术难题。1957年，改任交通部航务工程局总工程师。1959年9月，升任交通部副部长。

谭真曾任中国水利学会、中国土木工程学会、中国建筑工程学会副理事长，亦曾积极参与社会活动。中华人民共和国成立之初，为天津市政协委员。1954年，当选天津市人大代表，并先后当选第一、二、三届全国人大代表。

1976年5月，谭真在北京病逝，享年77岁①。

第二节　人物表②

明、清科举（官职）人物表

姓名	字号	籍贯	出身	主要职衔
梁凤鸣	—	那洲	清同治岁贡	—
谭干	仪亭	那洲	清光绪举人	广东谘议局议员

现代官职（职称）人物表

姓名	字号	籍贯	主要职衔
古达程	—	那洲	民国时期宋美龄秘书

①②资料来源分别为《唐家湾镇志（1524—2013）》第386~387页、第414页及第417页。

第三节 英烈表[③]

英烈表(按牺牲年月顺序排列)

姓名	出生时间	籍贯	参加革命时间	职务	牺牲时间地点
谭为民	1919年	那洲	1942年	中山县抗日义勇大队民族中队战士	民国三十三年(1944)7月,在中山县阜沙被日军拒捕杀害
唐达生	1923年	那洲	1942年	中山县抗日义勇大队白马中队战士	民国三十三年(1944)12月,在下栅正坑村与日伪军作战时牺牲
郑秋叶	1928年	那洲(原籍三乡)	1944年	中山县抗日义勇大队白马中队交通员、情报员	民国三十四年(1945)3月,在中山县三乡被叛徒出卖杀害
古华芳	1919年	那洲	1945年	珠江纵队中山特派室武工队战士	民国三十六年(1947)6月,在北沙六组村与国民党军作战时牺牲
周 方	1922年	那洲	1943年	珠江纵队中山特派室武工队班长	民国三十七年(1948)6月,在中山县翠亨被国民党杀害
谭汉源	1922年	那洲	1949年	粤赣湘边纵队中山独立团战士	民国三十八年(1949)4月,在中山县观音山作战时牺牲
陈 裱	—	那洲	1951年	中国人民志愿军战士	1953年4月,在朝鲜战场牺牲

③资料来源为《唐家湾镇志(1524—2013)》第420~426页。

第六章

文学艺术作品

那洲历史悠久，文化底蕴深厚，许多历史名人和文化人士留下了大量的文学作品，那洲民间也流传着许多的趣闻轶事。

第一节　诗歌

一、古元自创诗歌一首

花园公社好，
大地如织锦。
社员巧手绣，
党的好领导。

二、怅望苍空忆落霞——纪念古元逝世两周年

幸有尖刀记岁华，艰辛日月乐观花，
文盲课本初相识，武器锄头是一家。
形象思维皆出色，画图人品两无瑕；
相随半百难分手，怅望苍空忆落霞！

三、谭生诗三首

（一）

东坑旧事梦魂牵，
四十年前战火燃。
珠海丹心青史在，
高歌此日颂前贤。

（二）

夜听东流水，
疑是故人来。
深宵长夜雨，
庭前桂花开。

（三）

军民齐集凤凰山，
爆竹声中庆凯旋。
抗战八年历万劫，
金瓯重整尽欢颜。

四、悼念谭生诗词选登

忆谭生

王河

（一）

凤凰山上杜鹃红，
摘枝杜鹃献英雄。
唐冯缪吴杨何李，
金戈白马立奇功。
热血成河流山涧，
头颅拼掷斗顽凶。
如今杜鹃红烂漫，
芬芳万里沐春风。

（二）

当年战斗凤凰山，
白马驰骋意纵横。
红旗飒飒寒敌胆，
怒炮隆隆唤河山。
战友牺牲多壮志，
队长痛心泪沾颜。
四十七年回首处，
情如珠海任翻腾。

五、白马颂

陈阵

你是一匹威武勇猛的白马，
奔突硝烟里，驰骋炮火下，
打日寇，灭匪霸，
所向披靡，
毫无惧怕，
战果累累载史册，
威名赫赫震海崖。
你是一匹忠诚于党的白马，
党指向哪，你就奔向哪，
不考虑得失，
不讨价还价。
凤凰山上留下你深深的足印，
黄河岸边盛开你青春的火花，
重庆山城燃烧你火红的年华。
你是一匹胸怀坦荡的白马，
气量宽广，品格高雅。
不管遇到什么风风雨雨，
不管面前的道路坑坑洼洼。

六、新诗

花好月圆，幸福中秋

古观湛

花朵争妍盖九州，
好景常临遍金瓯。
月明星朗映大地，
圆满无瑕独一流。
幸现和谐天作美，
福禄众民彭公寿。
中华古国多雄伟，
秋高气爽乐休闲。

古元广场有感

古观湛

火树银花红满天，楼房高耸入云端。
琼台仙阁多华丽，广场宽敞耀人前。
彩旗飘飘迎贵客，古树绿绿势参天。
河池红鲤嬉戏水，山花烂漫各争妍。

第二节　民间文学

民歌

(一)历史歌

中山五六区地名歌

大叠湾，细叠湾，澳门对上系前山；

前山白石留人洞唉，翠微呀，睇掘鸡笼（用肩膀扛着一笼鸡）；

狗仔嘤嘤白沥港（今沥溪），坑水长流呢，南界涌（南大涌，今南溪）；

界涌真好银斗，古鹤真好马骝（猴子）头；

外埔拉牛里埔卖呀，西山腊肉系那洲；

茶果唔甜系塘敢呀，大埔门楼呢，雍陌街；

包脚姑娘嫁大布呀，散脚姑娘嫁平湖；

钩镰割草马边埔（马溪），尺禾尺入（两头尖的禾尺，用来挑禾秆的）系前陇呀；

要食芋杆呢，嫁麦园（前陇对面的小村）。

(二)情歌

山歌对唱

（那洲村黄德与西山村姑娘对唱）

男：你三位学娘嫁我黄德，我黄德屋企呢，有粒明珠会放光。

女：我三位学娘嫁你黄德，你黄德屋企呢，有粒萤火摄摄（闪闪）光。

男：你三位学娘嫁我黄德，我黄德台头缺三样餸，鲜鱼腊肉马鲛郎。

女：我三位学娘嫁你黄德，你黄德屋企台头唔缺三样餸(三个菜)，田螺芋荚（叶）卢官根。

男：你三位学娘嫁我黄德，我黄德屋企呢，有张象牙床。

女：我三位学娘嫁你黄德，你黄德屋企呢，有张火捞草床。

哥采红花唔怕深

（客家山歌）

亚哥出门带笠麻，亚妹出门袖衿遮；
黄蜂飞入花园内，唔敢采妹牡丹花。
一朵红花在海心，哥采红花唔怕深；
虽然采花会浸死，就算浸死也甘心。

关埋门仔又一年

正月蔗仔飏，
二月蔗仔摇，
三月剷蔗苗，
四月蔗仔真大条，
五月端阳裹大粽，
六月割禾苗，
七月烧衣夹打醮，
八月秋风在街摇，
九月重阳人放鹞，
十月火行桥，
十一月系冬，
十二月系年，
家家门口贴晒红门钱（红钱剪帖），
隔离二叔婆烧炮仗，
关埋（闭）门仔又一年。

我邻一个有人争

（客家山歌）

人着靴仔嗒嗒声，我着鞋仔打脚踭；
人邻亚妹十几个，我邻一个有人争。
人着双靴重重新，我着双鞋上泥尘；
人邻亚妹十几个，我邻一个就断情。

(三)儿歌

麻雀仔

麻雀仔，偷油搽，搽滑髻，返（回）外家。返到外家冇茶饮，饮茶渣。冇（无）凳坐，坐树丫。冇饭吃，吃南瓜。冇屋住，住人家。冇被冚（盖），冚（盖）棉花。

月光光

月光光，照地堂；年卅晚，夹槟榔。
槟榔香，夹紫姜；紫姜辣，夹蒲达（苦瓜）。
蒲达苦，夹猪肚；猪肚韧，咬瘀(咬中）阿婆大牙根。
牙根长，买屋梁；屋梁高，买张刀。
刀切菜，买镬盖；镬盖圆，买只船。
船冇底，浸死两个番鬼仔；
一个浦头，一个沉底。

阿爱爱

阿爱爱，挪白菜，上海攞埋（拿来）下海栽。
叔公打扮胡须袋，打扮𧽊（最小的）姑嫁秀才。
唔嫁秀才嫁个官，四人抬轿入衙门。
入到衙门狗又吠，入到厅间鸡又啼。
鸡呀鸡，问你乜事咁早啼，爹爹妈妈八十齐。
上厅点火下厅光，照着新娘扮嫁妆。
扮起嫁妆尔啷共，着起红袍拜阿公。
你又拜，我又拜，拜到明年好世界。
谷米又平仔又大，攞埋（娶齐）心抱（媳妇）嫁阿𧽊。
𧽊𧽊𧽊，𧽊皮鞋，红皮屐仔衬花鞋。
花鞋花脚带，姐姐妹妹去游街。

十岁抱仔返外家

一岁得婆爱，二岁得婆财，
三岁揦（提）柴婆烧火，四岁下间织嫩秧。
五岁上楼挑榄背，六岁上楼挑榄花。
七岁人来问，八岁爹妈应承人。
九岁揦（提）条裙仔嫁，十岁抱仔返外家。
返到爹前爹打鈪（镯），妈前妈打链。
下哥，哥目夹眼，下嫂，嫂目夹眉。
目夹眉目夹眼做乜事，唔曾吃过哥田地。
唔曾着过嫂罗衣，脚踏花鞋自己挑。
头上金钗爹妈嘅（的），手拢戒指卖鸡钱。

麻雀仔

麻雀仔，担竹枝，担上山头望阿姨，
阿姨梳个摩啰髻，插朵红花衬髻围。

吃果果

排排坐，吃果果，你一个，我一个，
剩番一个阿公共阿婆。
阿婆吃到九十九，阿公吃到一百又零头。

鸡公髻

鸡公髻，十二妻，两个挨笼两个筛；
两个碓头舂白米，两个下间打水围；
两个孭篮摘野菜，两个嗳仔夹看鸡。

凼凼转

凼凼转，菊花园，炒米饼，糯米团；
阿哥叫我睇龙船，我唔睇，睇鸡仔。
鸡仔大，捉去卖，卖到几多钱；
卖到三百银，一半打金钗，一半打银牌。
银牌银腰带，请个婆婆出来拜；
拜到明年好世界，攞埋心抱嫁阿豬。

看牛仔

看牛仔，走奔波，拉条牛绳到地拖，
拉到西山庙，看见人打醮，
孭埋篮仔乞饭焦，乞到饭焦嫌冇餸，
掹（拿）条丝线钓虾公，钓到虾公跳落镬，
仔仔孙孙擘（读“唛”音）虾壳。

第三节 书信

古元致谭生遗孀容耀华的慰问信

容耀华同志:

惊悉谭生同志不幸逝世，非常悲痛。

去年11月间我们在珠海见面时，见他体质虚弱，但精神仍然甚好，对身体的康复充满信心，并且计划在今年前往四川参加活动，我感到很快慰。不料，这次见面之后，仅仅过去两个月，他就永远离开人世了，他走得太早了!我和谭生同志童年在家乡小学读书，离开小学之后就各奔前程，经过几十年的社会动荡，都经历了不寻常的风风雨雨，一直到了80年代才相逢。在以后的几次相聚交谈中，得知谭生同志为人坦率真诚，对革命事业忠心耿耿，在革命战争年代和社会主义建设时期都做出很多贡献，我很尊敬他的人品和业绩，人们是永远不会忘记的。

容耀华同志，请你不要过于悲痛，请你多多保重。

谨向谭生同志的亲属们致以亲切的慰问!

古元

1992年1月15日

第四节　书画作品

■《那洲风景》，40厘米x50厘米油画，作于2018年，作者：黄剑波

■《收获的季节》160厘米x72厘米油画，作者：张照云

■《家园》那洲村全貌，198厘米x128厘米油画，作于2014年，作者：张照云，古元美术馆收藏

■《丰年》86厘米x70厘米油画，作者：张照云

■《金秋》86厘米x70厘米油画，作者：张照云

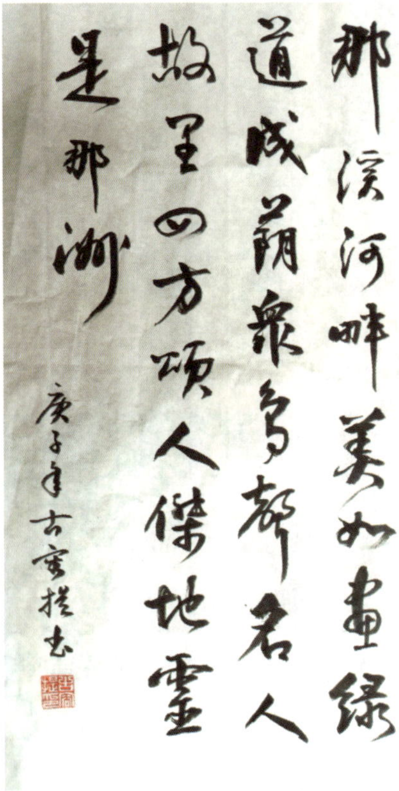

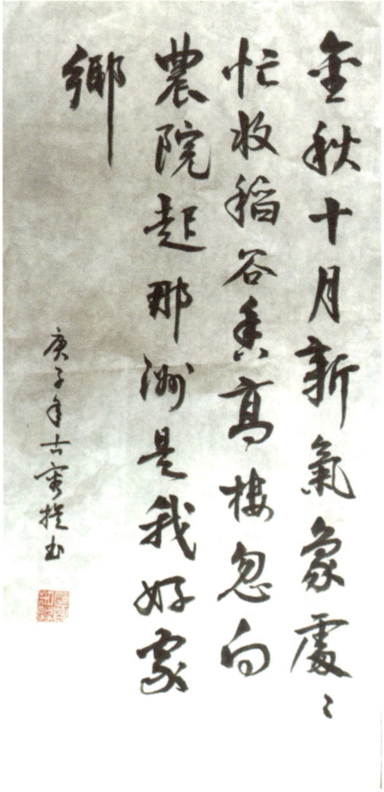

■ 那洲诗歌二首，作者：古容提

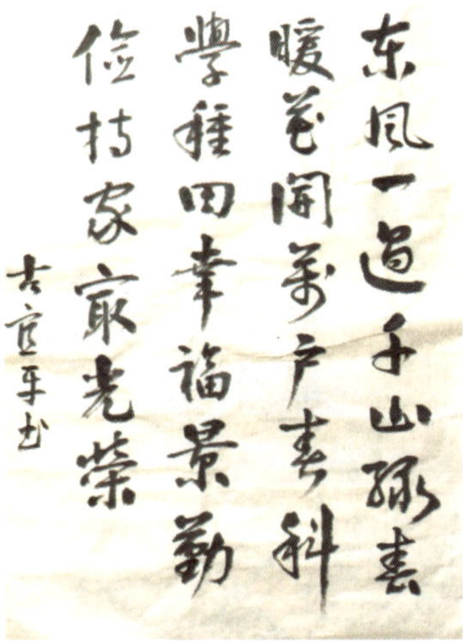

■ 那洲春景，作者：古宜平

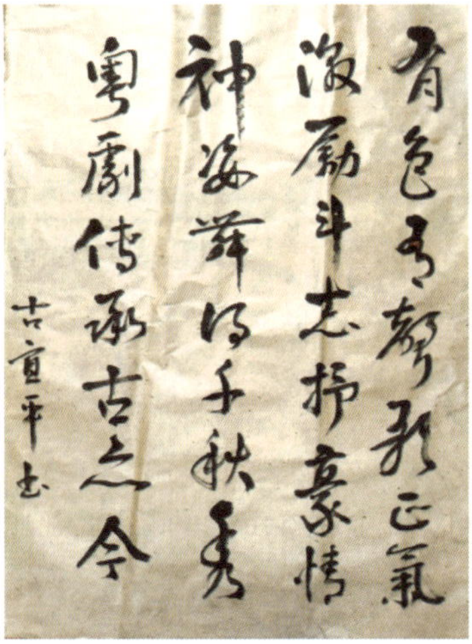

■ 贺那洲老人节晚会，作者：古宜平

第七章 碑刻 石刻 木刻

第一节 碑刻

一、那洲村示谕碑

位于唐家湾镇那洲村东路口，立于清光绪年间。花岗岩质，宽120厘米、高70厘米，阴刻楷书。碑文记录清光绪二十五年（1899）香山县衙门调解和判决外埔与那洲两乡争水道的事件。

碑文：

钦加四品衔香山县下堂加五级纪录十次蒋，为泐石示谕事。

案据耆民岑国祥等与举人□□□互争水道，焚屋殴伤各等等情一案。当经合同委员传集讯明，断令□□□等，鉴深之沟，姑免填塞。此后宜遵上宪，永远停凿。开河之论，只准照旧，沟洫泄水，不准行船，以夺外埔之利。所有船艇，居从中怀居厅艇，一切船运水脚价值，应照远年合同，悉如其旧，亦不准外埔垄断居其，从中刁难。至那洲村修迨一切装运之事，是否用外埔之艇载运，仍听其便。其□□□□□□□等焚毁伤人，从宽责罚，赔价修复，以示体恤。倘那洲再敢恃众暴寡，扰害邻村，一经访闻，定行会营严拿，按律惩办。将两造道馆鳌附，并详奉批准销案，合行出示晓谕。为此，示谕外埔、那洲两乡人等知悉。嗣后，尔等务宜遵断办理，永归和好，毋稍有违抗，再起事端，致于咎戾。各宜凛遵，毋违。特示。

光绪二十五年二月十九日示

注：该碑已失。碑文底本录自《珠海市文物志》

二、那洲村告示碑

位于那洲村村口，立于清代，高98厘米，宽43厘米。

碑文：

此山为我乡来龙落脉之所，向经严禁，不准在界内上下左右开垔山地，致伤龙脉。其所有旧坟许迁不许葬。如有胆敢私垔山地盗、卖与人，一经查出，即将其人严革出乡，送官究治，决不宽贷。特立碑永禁。

那洲乡立

■ 那洲村告示碑

三、梁凤鸣、梁启泰兄弟举人功名碑

位于那洲久团山,立于清光绪年间，高147厘米，宽37厘米。

碑文：

光绪乙酉科乡试中式第三十八名举人

光绪戊子科乡试中式第七十六名举人

■ 梁凤鸣、梁启泰兄弟举人功名碑

第二节　石刻

一、古氏大宗祠门额

古氏大宗祠门额为石刻，立于清道光十八年（1838），撰者关炳垣，位于那洲三村古氏大宗祠。

碑文：

古氏大宗祠

道光戊戌年八月谷旦，樵东关炳垣

■ 古氏大宗祠门额

二、那洲南门楼门额

那洲南门楼门额建于民国十二年（1923），撰者不详，位于那洲五村南门楼。

碑文：

和洽南薰

民国十二年，阖堡建立

■ 那洲南门楼门额

三、那溪东庙门额楹联

该楹联立于清代，撰者不详，位于那洲五村那溪东庙。

那溪东庙

上联：门开众善依菩萨

下联：泽被群生仰帝王

■ 那溪东庙门额楹联

四、诚斋谭公祠门额

诚斋谭公祠门额建于清代，撰者不详，位于那洲一村诚斋谭公祠。

碑文：

诚斋谭公祠

■ 诚斋谭公祠门额

五、相思林土地庙碑文

相思林土地庙建于清光绪四年（1878），碑文撰者为古赞，高98厘米，宽43厘米。

碑文：

共颂年高多福德，同沾泽广遍乡闾。

古赞书沐恩弟子古万联、古万积仝敬送。

光绪岁次戊寅孟冬谷旦。

西堡众信重修

■ 相思林土地庙碑文

第三节　木刻

一、古元故居神龛楹联

古元故居神龛楹联立于民国时期，位于那洲三村古元故居内。

上联：座绕慈云叨佛力

下联：家留旧泽念宗功

■ 古元故居神龛楹联

二、古元故居木刻楹联

该楹联立于民国时期，位于那洲三村古元故居内。

上联：和气致祥百忍成金处世端资退让；

下联：厚德载福惟善为宝持身贵养谦光。

■ 古元故居木刻楹联

第八章

那洲村大事纪略

一、明代至清代

明景泰七年(1456)

邱姓邱斌者从广西平乐悬迁移至当时的那溪村(现改名为那洲村),他在后门山前定居,开荒造田,因为有溪有水,水源丰富,自此村落被命名为那溪村。随后,古氏族人古瑜保在香山县恭常都那洲村定居后,在此地方孕育孩子两个,那洲古氏一族从此扎根落叶、人丁兴旺起来。

清乾隆五十年(1785)

古氏宗祠始建。

清嘉庆十一年(1806)

兴建诚斋谭公祠,坐东南朝西北。

清道光十一年(1831)

在那洲村东头建设那溪东庙。该庙被视为那洲村建造时间最早的庙宇。有史料记载,那溪东庙在当时十分受村民们的欢迎,远近村民都前往那溪东庙里拜祭和祈愿倾诉,祈求神明保佑。

清道光十八年(1838)

古氏大宗祠落成。

清咸丰三年(1853)

古氏家族有十三、十四世孙,即谦深、育深、受采、正祥诸公倡议重修一次古氏的族谱,此为第二次修谱。

清咸丰十年(1860)

那洲妈娘庙、关帝庙建成,并立碑刻记录。

清光绪四年(1878)

重修古氏大宗祠中的长相思社公亭。

清光绪二十五年(1899)

9月26日,谭真在广东香山县出生。

二、中华民国时期

民国元年(1912)

古元的父亲古万建回村兴建屋。此即为古元故居。

民国八年(1919)

8月5日，古元于广东香山县那洲乡出生。

民国十二年(1923)

位于那洲五村五堡南闸的那洲南门楼建成。

民国三十年(1941)

古元返回鲁迅艺术学院，从事美术创作和教学。在“鲁艺”担任美术工场木刻组长，兼任部队艺校美术教员。

三、中华人民共和国成立后

1949年

那洲村为中山县六区辖乡。

1950年

那洲村为中山县六区下栅乡辖村。

1951年

那洲村为中山县第六区那洲大乡辖村（大乡辖那洲、正坑、会同、双龙、竹林埔等村）。

1957年

那洲村为中山县第二乡（三乡）辖乡。

1958年

那洲村为三乡公社耕作区。

香港乡亲黄志恒（那洲村人）捐款9万元给那洲村修建那洲小学。

1960年

双龙村被广东省珠海县机构评为“双龙村革命老区”。

1961年

那洲村由中山县划归到珠海县管辖范围之内，后为下栅公社辖那洲生产大队。

1963年

在那洲设立两大抽水站抗旱，从中山三水引水到珠海解决农田用水问题。

1966年

妈娘庙、关帝庙被拆除。

1968年

那洲村通电。

1979年

古元任中央美术学院副院长。

1980年

古元当选为中国版画家协会副主席。

1982年

那洲村实行改革开放，实行包田到户政策。双龙村将村内种植的蔬菜销往到香港和澳门地区。

1983年

古元任中央美术学院院长。

1984年

那洲村为下栅区辖乡。

1985年

香港乡亲黄志恒（那洲村人）捐款9万元给那洲村修建那洲小学。

古元当选为第四届全国美术副主席。

1987年

那洲村为金鼎镇辖村。

1988年

香港乡亲黄志恒（那洲村人）捐款25万元给那洲村修筑水泥道路。

1990年

竹林埔村开通电话。

1993年

那洲村开通电话。

1994年

那洲村发生了大水浸。

1995年

8月，那洲村建设那洲布料市场，专门向做布料买卖的商家出租铺位和仓库。

那洲社区那洲村村道实现水泥硬底化。

古元被推选成为中国版画家协会名誉主席。

那洲工贸公司（后更名为那洲股份合作公司）成立。

珠海市政府对那州村耕地进行统征，村民户口上的关键词“农业”变成了“非农业”。

1996年

8月10日，古元去世，享年77岁。

1997年

那洲村再次发生了大水浸。

2000年

珠海市香洲区的“村转居”工程正式启动，那洲村“村转居”。

2001年

那洲村与双龙村、竹林埔3个自然村合并成为那洲社区。

那洲村归那洲社区管辖，那洲村内设有那洲股份公司，并且下设10个生产队，也称为经济合作社，分一东队、一西队、二上队、二下队、三队、四队、五队、六队等。

那洲村常住人口约有1700人，暂住人口约为常住人口的两倍，超过3000人。

2002年

那洲社区居委会正式运作，该社区的3个自然村那洲村、双龙村和竹林埔村完成“村转居”。

那洲村开通自来水。

2003年

珠海市全市62个行政村的村委全部转为社区居委会，原来的村民全部转为居民，并且各自成立了股份公司，其中包括那洲社区。

2004年

唐家湾镇那洲改水工程竣工，380户村民喝上自来水。

2006年

6月，古元故居被公布成为香洲区文物保护单位。

7月，珠海市政府出台了“区镇合一”体制调整政策，那洲社区转由珠海国家高新技术产业开发区管辖。

2008年

古氏（古元）族人开始着手修复重建因为破败而被空置了多年的古氏大宗祠，并且恢复了祠匾。

那洲社区竹林埔村开通自来水。

2009年

那洲村被广东省文学艺术界联合会和广东省民间文艺家协会机构共同评选成为广东省古村落村。

2010年

那洲社区竹林埔村开通网络。

那洲村农田路硬底化工程竣工。

2011年

11月，那洲东门、古氏大宗祠、清晓古公祠、诚斋谭公祠、那洲梁氏大宅、那洲南门楼、那洲炮楼等7处古建筑被公布成为珠海市高新区不可移动文物。

2012年

5月，古元故居被公布为广东省第七批文物保护单位。

7月，那洲东门楼、古元故居、清晓古公祠、诚斋谭公祠、那洲梁氏大宅、那洲南门楼和那洲炮楼等7处古建被公布成为珠海市不可移动文物。

同年，那洲村开通了网络。

2014年

5月，那洲社区双龙村颁布《双龙村村规民约》，并且公示在每家每户的门口。

6月，珠海市幸福村居创建工作在竞选出7个新的“示范村居”之后，又评审出了10个饮用水源和基本农田保护区内的“生态村居”。珠海高新区那洲村成功入选，获评“生态村居”。

2015年

12月，珠海市高新区投入了350万元对那洲村古氏大宗祠进行全面具体的修复，并在修缮后的古氏大宗祠内增加设立了那洲村史馆，设置村史展，并引入现代的电子媒体设备，为村民以及游客动态展示那洲村历史、名人、文化遗产以及民情风貌等各方面资料，以便全面了解那洲村历史文化。

那洲社区竹林埔，全村村道实现了水泥硬底。

2016年

1月，那洲村古元文化广场建成开放，占地面积3万多平方米，其中包括了古元美术展厅、波斯菊花园、钓鱼钓虾场、休闲广场、亲子游乐园、人工湖、文化活动中心、烧烤场等。

6月，珠海高新区那洲村被公布为珠海市传统村落。

2017年

4月，珠海那洲古氏大宗祠重修完工，举行重光庆典，并同一时间成立了中华古氏文化促进会珠海理事会。来自海内外40多个古氏宗亲代表团逾千人济济一堂，共叙情谊。

8月23日，最强台风“天鸽”在广东省珠海市南部沿海登陆，登陆时最大风力14级（45米每秒），正面袭击粤港澳地区，给那洲村造成了巨大的经济损失，肆虐的台风损坏了道路、吹倒了树木、掀翻了车船、毁坏了房子。

2018年

5月20日，那洲社区凉水井修缮工程完成。

6月10日，那洲社区党支部升格为那洲社区党委。

同日，那洲社区股份公司成立那洲社区第一党支部。

8月20日，成立那洲社区人大联络站。

2019年

6月，设立那洲社区。

2020年

6月，那洲社区Z79路公交车通车。

12月，珠海高新区（唐家湾镇）社区工作局组织编制了《珠海高新区外沙村、那洲村、上栅村、东岸村传统村落保护发展规划》，设立了那洲村核心保护区、建设控制地带及相对应的保护管理规定和保护措施。

参考文献

[1]《唐家湾镇志》编纂委员会：《唐家湾镇志(1524—2013年)》，广东人民出版社，2015年5月第1版。

[2]《香山县志·乡土志》，民国初年版。

[3]珠海市文物管理委员会：《珠海市文物志》(修订本)，珠海出版社，2007年1月第1版。

[4]珠海市政协文史资料委员会：《珠海市人物传》，人民出版社，1993年6月第1版。

[5]珠海市香洲区地方志编纂委员会：《珠海市香洲区志》，方志出版社，2012年12月第1版。

[6]王远明：《风起伶仃洋(香山人物谱)》，人民出版社，2006年10月第1版。

[7]广东省人民政府地方志办公室：《全粤村情》，中华书局，2018年6月第1版。

[8]冯锡銮：《白马队长》，广东人民出版社，1995年3月第1版。

[9]《古氏族谱》，民国三十五年(1946)版。

[10]《谭裕后堂族谱》，民国二十一年(1932)版。

[11]广东省珠海市香洲区南屏镇北山社区志编纂委员会：《北山社区志》，方志出版社，2019年12月第1版。

[12]《鸡山村史》编撰委员会：《鸡山村史》，广东人民出版社，2015年7月第1版。

[13]珠海市香洲区革命老区发展史编委会：《珠海市香洲区革命老区发展史》，广东人民出版社，2021年7月第1版。

[14]《珠海历史名人》编纂委员会：《珠海历史名人》，广东人民出版社，1992年第1版。

[15]曹文汉：《珠海历史名人·古元》，珠海出版社，2006年9月第1版。

后记

那洲历史悠久，风景秀丽。为记载那洲历史、传承优秀文化、启迪后辈子孙，2019年开始编修村志，历时3年，形成初稿。在这三年多的时间里，编委会成员齐心协力，分工合作，从资料的挖掘搜集、大纲编写、稿件整理、内容甄别、照片拍摄、收集分类等方面做了大量工作。在任务重、资料少、经验不足的情况下，能够完成这一艰巨任务，是所有支持关心《那洲村志》编纂和出版的各界人士共同努力的结果。

《那洲村志》通过图文的方式客观地记载那洲村的历史变迁和那洲人民的生活方式、传统文化和社会经济状况，为我们了解那洲、认识那洲、发展那洲、振兴那洲提供了有力依据。为使《那洲村志》的内容和资料更准确更详实，编委成员数次到各级档案馆查询资料，多次走访那洲村离退休老干部，村中父老乡亲及其他知情者。感谢他们为村志的编纂作出了贡献。《那洲村志》的编纂与出版发行，还要感谢市地方志办领导的专业指导，感谢珠海高新区、唐家湾镇、高新区（唐家湾镇）文化中心、珠海高新区文学发展研究会以及珠海历史名人研究会的大力支持，感谢市、区档案局、那洲社区党委、那洲社区居委有关人士的有力协助，感谢本书顾问卢观发及吴流芳等市区内外文史工作同行人士提供有关的史料，并提出许多有益的修改意见，感谢方志出版社参与本书编纂出版的全体工作人员的努力付出。

在我们编纂过程中，由于资料短缺，编纂人员水平有限，经验不足，存在许多不足之处。敬请批评指正，以便改进、提高，也为今后编写史志积累经验，为高新区文化事业和珠海地方文化贡献微薄之力。

编者

2021年12月